الدكتور ميخَـائِيل لآيطمَان

من الفـوضى
إلى الانـسجام

الدكتور ميخَائِيل لآيطمَان

من الفـوضى
إلى الانـسجام

Michael Laitman, PhD

From Chaos to Harmony

All Rights Reserved

Copyright © 2023 by
Laitman Kabbalah Publishers

ISBN: 978-1-77228-133-0

www.kab.info

تصلا بـيترفرتوييبمكولابـ اتـحـ: صـيـنـاعلاح ابـ

لا عيمجحقوق محفوظة
ىلة أوعبط، 2023

الفهرس

الجزء الأول

افتتاحية	7
المقدمة	10

الجزء الثاني

الفصل الأول: الإرادة هي الأساس الفطري في الطبيعة	18
الفصل الثاني: حدود المتعة	28
الفصل الثالث: الإيثار – اساس الحياة.........................	37
الفصل الرابع: اختلال التوازن	47
الفصل الخامس: مراعاة قوانين الطبيعة	62
الفصل السادس: الطريق إلى الحرية	80
الفصل السابع: تحقيق الاختيار الحر	88
الفصل الثامن: الاستعداد لتحقيق الهدف من الحياة	97
الفصل التاسع: واقع من الكمال والأبدية	108
الفصل العاشر: التوازن مع الطبيعة	124

افتتاحية

خلال الأعوام المائة الأخيرة انطلق تطور العلم والتقدم التكنولوجي انطلاقة عظيمة. ومع ذلك نجد أنفسنا مندهشين ولا حيلة لنا أمام ظواهر خطيرة آخذة بالتفاقم في مجالات مختلفة. العديد من الناس غير راضين عن حياتهم ويمكن ملاحظة ازدياد مشاعر مثل انعدام الثقة وانعدام المغزى والخواء والإحباط والشعور بالمرارة. وتؤدي هذه المشاعر، في بعض الأحيان، إلى استعمال الأدوية المهدئة والمخدرات، أو الأنواع الأخرى من الإدمان كوسيلة للهروب وكإشباع بديل.

إن وباء القرن الواحد والعشرين هو وباء الإحباط والاكتئاب. تبين إحصائيات منظمة الصحة العالمية أن شخصًا واحدًا من ضمن أربعة سيصاب بمرض على خلفية نفسية، على مدى حياته. وقد طرأ ارتفاع، خلال الأعوام الخمسين الأخيرة، على عدد الذين يعانون من الاكتئاب. والجديد هو بأن هذه الظاهرة تبدأ في سن أصغر فأصغر. ومن المتوقع أن حتى عام 2020 ستحتل الأمراض النفسية وخاصة الاكتئاب المرتبة الثانية بالنسبة للأمراض التي تعاني الإنسانية منها.

الاكتئاب هو أحد الأسباب الرئيسية لحالات الانتحار. يموت كل عام في العالم أكثر من مليون شخص نتيجة الانتحار، و- 10 إلى 20 مليون شخص يحاولون وضع الحد لحياتهم. ويلاحَظ في العالم اتجاه واضح لارتفاع حالات الانتحار عامة، وضمن الأطفال والشبان خاصة، ويعتقد العديد ممن يعمل في هذا المجال، بأن ظاهرة الانتحار تعكس مستوى التكتل الاجتماعي، ويمكن اعتبارها مؤشرًا لمستوى رفاهية المجتمع، وحتى لوضعه العام.

لقد أصبح تعاطي المخدرات في العقود الأخيرة مشكلة اجتماعية أساسية في العالم أجمعه بعد أن كان ظاهرة هامشية. ولا توجد أي طبقة اجتماعية لا تعاني منه. وينتشر تعاطي المخدرات في أيامنا بين الشباب، وفي بعض الأحيان حتى سن المدرسة الابتدائية. العالم الغربي ليس هو الوحيد الذي يعاني من هذه الظاهرة، فالمخدرات تنتشر في العالم العربي بسرعة مخيفة، فبحسب أقوال الممثل الإقليمي للأمم المتحدة لمنع المخدرات والجريمة في الشرق الأوسط "أن المواد المخدرة مثل القنب والأفيون والهيروين تنتشر بطريقة مخيفة حيث يبلغ عدد مستخدمي الحقن بالهيروين 400 ألف متعاط في المنطقة العربية"، أما عدد المدمنين على أنواع مختلفة من المخدرات في العالم العربي فقد بلغ 10 ملايين مدمن.

كما أن الوحدة العائلية تميل إلى التفكك: نسبة حالات الطلاق والشعور بالاغتراب وحالات العنف ضمن العائلة تتواجد في ارتفاع متواصل.

ويعاني الجيل الناشئ من انعدام القيم والأيديولوجيات. أما جهاز التعليم فلا حيلة له، وهو يتواجد على مستوى متدنٍ. ويوجد

العنف والإجرام ضمن الشباب في تزايد متواصل. وهناك نسبة مماثلة بين المعلمين يعترفون بأنه ليس لديهم الأدوات المناسبة لمواجهة العنف والبلطجة وعدم تقبل الصلاحية التربوية. وبشكل فعلي، لا يقلقنا ازدياد هذه الظواهر، إلى حد بعيد، لأننا اعتدنا عليها. وفي الماضي، كانت هذه الظواهر تعتبر ظواهر شاذة، إلا أنها أصبحت اليوم مألوفة. لا نملك الأدوات اللازمة لمواجهة هذه الظواهر، ونقبل وجودها لكي نقلل من المعاناة التي تسببها لنا. وذلك، عبارة عن جهاز دفاع طبيعي يتطور بداخلنا. ولكن مع ذلك، من الممكن بأن هذه الأوضاع قد تكون مختلفة تمامًا عما هي عليه الآن.

المحررون

المقدمة

تلخيص الأفكار التي يحتوى عليها الكتاب
يتأسس على خطاب الدكتور ميخائيل لايطمان أمام
"مجلس الحكمة العالمي"،
أروسا سويسرا، 22 كانون الثاني - يناير 2006

ليس هذا سراً بأن الإنسانية تتواجد في خضم أزمة عميقة، وهناك العديد من يشعر بذلك فعلاً. الشعور بانعدام المغزى، الإحباط والخواء تغمر حياتنا. الأزمة في الوحدة العائلية وفي تربية الأولاد والإدمان على المخدرات والوضع الأمني المضطرب والخوف من الحرب النووية والتهديد البيئي – هذه بعض المشاكل التي تغيم على سعادتنا. يبدو أننا فقدنا المقدرة على السيطرة على حياتنا وعلى ما يدور في العالم.

كما هو معروف، التشخيص السليم للوضع هو نصف الطريق للشفاء. فلذلك، لكي نجد حلاً لمشاكلنا، يجب علينا أن ندرك أسبابها. الأساس الأكثر ضماناً والذي من المحبذ أن نبدأ به

هو معرفة طبيعة الإنسان وطبيعة العالم. إذا حكمنا عقلنا بإدراك طبيعتنا والقوانين التي تسري علينا، فسنعرف ما هي أخطاؤنا وما يجب علينا أن نعمله حتى نخرج من الوضع الذي نتواجد فيه.

تبين لنا دراسة الطبيعة من حولنا بأن الجماد والنبات والحي تديرها الطبيعة من خلال غرائزها. ولا تعتبر أعمالها جيدة أو سيئة، لكنها ببساطة ينسجم بعضها مع البعض ومع الطبيعة، حسب القوانين التي انطبعت بها. ومقابل ذلك، إذا أمعنا النظر إلى طبيعة الإنسان، فسنرى أنه يختلف على الإطلاق عن بقية الطبيعة. الإنسان هو المخلوق الوحيد الذي يستطيع أن يستمتع باستغلال الغير والاستعلاء عليه والسيطرة عليه. الإنسان فقط يستمتع بكونه مختلفًا عن الآخرين، وبكونه فوق الجميع. هذه هي الأنانية الإنسانية، وهي التي تخل بالتوازن السائد في الطبيعة.

وفعلاً، الرغبة في التمتع المتواجدة بنا تطورت تدريجياً على مدار التاريخ. وفي البداية قد تمثل ذلك برغبات وجودية بسيطة – الرغبة في الغذاء والجنس والعائلة. وبعد ذلك، تطورت رغبات أكثر تقدمًا: الرغبة في الغنى والاحترام والسيطرة والعلم. وقد أدت هذه العملية إلى تطور المجتمع الإنساني ونشوء تركيبات اجتماعية جديدة وتطور أجهزة التعليم والثقافة والعلوم والتكنولوجيا وما إلى ذلك. وهكذا من خلال الاعتقاد بأن التقدم والرفاه الاقتصادي يوفران لنا الرضاء ويحولاننا إلى أناس أكثر سعادة، خطونا إلى الأمام بنشاط. إلا أنه حالياً نبدأ بالشعور بأن التطور الطويل الأمد يصل إلى طريق مسدود.

وهذا الأمر ناتج عن عدم المقدرة على إشباع رغبتنا بالتمتع لفترة طويلة. وقد توصل كل منا إلى هذا الاستنتاج ليس مرة واحدة في حياته، عندما اشتهى أشياء معينة، وفي بعض الأحيان على مدى سنوات. ولكن عندما حصل على ما ابتغاه، تبخرت المتعة خلال فترة قصيرة. وعاد مرة أخرى الخواء، ووجد نفسه مرة أخرى يلاحق أهدافاً جديدة على أمل أن يجد فيها الرضاء، وهكذا دواليك. وتحدث هذه العملية على المستوى الشخصي للإنسان الفرد وكذلك على مستوى الإنسانية كمجتمع. وفي الوقت الحاضر، بعد أن تراكمت خبرة منذ آلاف السنين، وضعتنا أمام حقيقة واقعة، وهي أننا لا نعرف كيف نبلغ السعادة المستديمة وحتى الأمن الوجودي الأساسي، نحن حائرون ومحبطون. هذه الظاهرة هي لب الأزمة التي نواجهها وهي سبب المشاكل التي نعاني منها.

وعلاوة على ذلك، فعلى مر الأجيال، أخذ الميل الطبيعي الأناني للإنسان للحصول على المتعة الشخصية على حساب الغير بالتعاظم. وفي أيامنا، يحاول أشخاص بناء نجاحهم على دمار الغير وبقوة لم نتعهدها من قبل. وقد بلغ عدم الصبر، والاغتراب والكراهية بين بني البشر ذروات مخيفة، وذلك يضع مواصلة وجود الجنس البشري في حالة من الشك.

إن التأمل في الطبيعة يعلمنا بأن جميع الأجسام الحية مبنية على أساس يختلف في ماهيته عن الأنانية الإنسانية – مبدأ الايثار والاهتمام بمصلحة الغير. ترتبط أجزاء في جسم حي بعضها بالبعض عن طريق العطاء المتبادل من أجل حيوية الجسم كله.

وتحصل كل خلية في الجسم على ما تحتاج إليه لوجودها، وبجميع ما يتبقى من قوتها تهتم بالجسم كله. ويعمل الفرد في الطبيعة، على جميع المستويات في الطبيعة، لمنفعة الجهاز الذي يشكل جزءًا منه. وفي ذلك يجد كماله. وبدون نشاط على مستوى الايثار، ليس من الممكن أن تتواجد الحياة.

وفي أيامنا، وبعد بحوث عديدة في مجالات مختلفة، يصل العلم إلى الاستنتاج بأن الإنسانية أيضاً هي فعلاً جسم حي واحد كامل. المشكلة هي بأننا غير واعين بذلك بعدُ. علينا أن نتيقظ وندرك بأن المصائب التي تعكر صفو حياتنا اليوم ليست وليدة الصدفة، ولذلك، ليس من الممكن أن تحلّ هذه المصائب بعدُ بأي طريقة قد عرفناها في الماضي. وهي لن تختفي بل ستزداد سوءً، إلا إذا بدأ المجتمع الإنساني أيضاً بالعمل حسب قانون الوجود الشامل للطبيعة، قانون الإيثار.

جميع الظواهر السلبية في حياتنا، إذا كان ذلك على المستوى الفردي أم على المستوى الأكثر شمولاً، هي نتيجة عدم مراعاة قوانين الطبيعة. من الواضح على الإطلاق، بالنسبة لنا، بأنه من السخافة القفز من مبنى عالٍ والتمني بأن قوة الجاذبية للكرة الأرضية لن تطبق علينا. ومن الأقل وضوحاً، أن حياتنا أيضًا كمجتمع إنساني، والعلاقات بيننا، تدار بواسطة قوانين الطبيعة البحتة. وفي الوقت الحاضر، يجب علينا أن نتوقف، ونفحص أنفسنا، وندرك أين نعمل خلافاً لقوانين الطبيعة، وأن نجد طريقة الحياة الصحيحة. إن كل شيء يتعلق بوعينا فقط: كلما

زدنا من إدراكنا لجهاز الطبيعة، تلقينا ضربات أقل وتطورنا بصورة أسرع.

على درجة الجسم الحي، فإن الايثار مطبوع كقانون الوجود، ولكن على المستوى الإنساني علينا بناء علاقات ايثارية بأنفسنا. تركت الطبيعة ذلك لنا لكي نستطيع الترقية بأنفسنا إلى درجة وجود جديدة رفيعة. وهذه هي ماهية الفرق بين الإنسان وبقية المخلوقات الأخرى.

في سياق الكتاب سنتطرق كثيراً إلى الطريقة لتنفيذ ذلك، لأن تغيير طبيعة الإنسان ليست عملية بسيطة. لقد وُلدنا مخلوقات أنانية؛ ليس بمقدورنا العمل مباشرة ضد الأنا، لأن ذلك هي طبيعتنا. وهنا تكمن الحكمة كلها: يجب البحث عن أسلوب يسبب لكل واحد منا أن يرغب، من منطلق الأنا الخاصة به، في تغيير تعامله مع الغير، والارتباط بالغير كأجزاء في جسم واحد.

ليس عن طريق الصدفة صاغتنا الطبيعة كمخلوقات اجتماعية. إذا فحصنا بعمق تصرفاتنا، فسنكتشف بأن أعمالنا تنفذ بهدف الفوز بتقدير من حولنا. إن تقدير المجتمع ينعشنا، وعدم التقدير والذم يسببان لنا أشد معاناة. الخجل أمام المجتمع هو من أفظع الأشياء التي يستطيع الإنسان أن يشعر بها. لذلك نميل إلى الانصياع للقيم التي يضعها المجتمع أمامنا والعيش حسب هذه القيم. لذلك، إذا استطعنا أن ننجح في إحداث تغيير على سلم القيم للبيئة التي نتواجد فيها، بحيث تحتل القيم الايثارية، مثل الارتباط بالغير والاهتمام المتبادل، رأس سلم الأفضليات، فسيغير كل واحد منا معاملته لغيره.

عندما يقدّر المجتمع الإنسان حسب إخلاصه للمجتمع فقط، سنتطلع جميعنا بالتأكيد للتفكير في مصلحة المجتمع والعمل لمنفعته. مثلاً، إذا ألغيت الجوائز والنياشين التي تمنح في أيامنا للإعراب عن تقدير تفوق ما للفرد، والأشخاص يقدرون فقط بفضل اهتمامهم بمصلحة المجتمع، وإذا قام الأطفال بتقدير والديهم بهذا الشكل؛ وإذا قام الأصدقاء والأقارب وزملاء العمل بانتقادنا حسب مقياس تعاملنا الجيد مع الغير فقط، فسنصبو جميعا إلى التصرف بهذا الشكل كي نحظى بتقدير من حولنا. وسنبدأ، تدريجيًا، بالشعور بأن التعامل ألإيثاري مع الآخر هو شيء خاص وسامٍ بحد ذاته، حتى دون أي علاقة بالتقدير الاجتماعي نتيجة هذا التعامل، وسنكتشف بأنه مصدر متعة كامل وغير محدود.

وعلى الرغم من أن المجتمع الإنساني اليوم هو مجتمع أناني، إلا أن هناك استعدادات واسعة النطاق للتقدم نحو مراعاة قانون ألإيثار في الطبيعة. يتركز تعليمنا وتربيتنا دائمًا على مبادئ ايثارية. ونقوم بتربية أولادنا في المؤسسات التعليمية وفي العائلة على العطاء والتنازل والأدب وإقامة علاقات الصداقة. وليس هناك من يقول إنه ضد هذه القيم. هذا وأيضاً: بسبب ثورة الاتصالات من الممكن اليوم نقل رسائل وقيم جديدة للناس بسرعة فائقة، في جميع أنحاء العالم. وهذا هو السبب الحاسم لارتفاع وعي الإنسان بالأزمة الآخذة بالتفاقم والحاجة لحل شامل.

وبالرغم من أن حل المشاكل الحالية هو الذي يدفعنا لتغيير الوضع القائم، إلا أننا سنكتشف في المستقبل بأن الموضوع لا ينتهي بذلك. الإنسان الذي يبني بداخله التعامل الصحيح مع الغير

يدخل بصورة تدريجية إلى وجود على طبقة مختلفة عما عرفناه حتى الآن، وجود سامٍ لم نتعهده من قبل، وهو الشعور بكمال الطبيعة.

وفي نهاية أجيال كثيرة من التطور المتراكم، استوعبنا تجارب، بما فيه الكفاية، تمكننا من الإدراك إلى أين يدفع بنا قانون تطور الطبيعة. إننا سنمدد المجال تدريجياً أمام القارئ على مدى الكتاب، وذلك يعتمد على مبادئ أساسية لحكمة الكابالا القديمة إلى جانب الاكتشافات الأخيرة للعلوم الحديثة. وسنستطيع بواسطتها أن نخطو الخطوة الأولى وذات المغزى باتجاه تحقيق قوانين الطبيعة، والتقرب من الشعور بأننا جميعاً نشكل أجزاء من جهاز طبيعة واحد وشامل ونتذوق الانسجام والكمال المتواجدين فيه.

سبب واحد وحل واحد

يمكن الشعور بالأزمة الراهنة على جميع المستويات، ابتداء بالمستوى العالمي وحتى المستوى الشخصي. وفي الحقيقة، تشمل هذه الأزمة جميع جوانب الطبيعة: من جماد ونبات وحيوان وحتى المجتمع البشري.

ولهذا، فإنه ليس بكافٍ أن نعتني ونهتم بنواحٍ معينة فحسب. بل يتوجب علينا أن نحدد المشاكل من جذورها، وأن نواجهها.

سيبين هذا الجزء من الكتاب أن هناك سبب واحد فقط وراء كل الظواهر السلبية التي نواجهها. وعندما ندرك ذلك السبب، سوف يكون في مقدورنا أن نقدم حلاً واحداً وشاملاً للمشاكل كلها.

فلنبدأ بمعرفة طبيعة العالم من حولنا والطبيعة البشرية، لأنه إذا استطعنا أن ندرك بشكل أفضل هذين الشيأين (الطبيعة البشرية وطبيعة العالم)، بكل قوانينهما وأوجههما، فسوف نتمكن من اكتشاف وتحديد أخطائنا. وبهذا، سوف نتمكن أولاً من وضع الحد للصعوبات التي نواجهها في حياتنا. وكنتيجة لذلك، سوف نتمكن من التوجه قدماً نحو مستقبل أفضل.

الفصل الأول

الإرادة هي الأساس الفطري في الطبـيعة

إن دراسة المواد المختلفة الموجودة في الطبيعة، تكشف لنا أن الإرادة الأساسية لجميع تلك المواد والأشياء هي الحفاظ على وجودها. ومع ذلك، فإن هذه الإرادة يعبَر عنها بشكل مختلف في كل مادة من المواد. مثلا ً، هناك مواد صلبة جامدة تتميز بشكل ثابت ومحدد، مما يجعل من الصعب اختراق "حدودها"، بينما هناك مواد أخرى تحمي وجودها بالحركة والتغير. ولهذا، يجب علينا أن نسأل أنفسنا: ما الذي يجعل كل مادة تسلك سلوكاً معيناً وتختلف عن المواد الأخرى؟ ما الذي يملي على كل مادة حركاتها وسلوكها؟

إن سلوك المواد شبيه بالصورة الظاهرة على شاشة الحاسوب. قد ننظر إلى صورة ما على الشاشة ونأخذ انطباعاً عنها. وفي الوقت نفسه، الخبير بشؤون الحاسوب يتعامل ببساطة مع تلك الصورة ولا يراها إلا كمزيج من النقاط والألوان المختلفة.

يهتم هذا الخبير بالحاسوب بالمتغيرات المختلفة التي تشكل الصورة فقط. إنه يدرك أن الصورة على شاشة الحاسوب ما هي إلا شكل ظاهري وسطحي لمجموعة متداخلة ومجتمعة من هذه القوى. وهو يعلم أيضًا ما هي العناصر التي تحتاج إلى تحسين لخلق صورة أكثر وضوحًا وحدة. وهذا بالضبط ما يتركز عليه.

بنفس تلك الطريقة، فإن كل مادة أو نظام مما يوجد في العالم، وهذا يشمل الناس والمجتمع البشري، تعكس تركيباً معيناً من القوى الموجودة فيها. وللتغلب على أية مشكلة، يجب على الفرد أن يبدأ بإدراك سلوك المادة على جميع المستويات المختلفة. ولكي يحدث ذلك، يجب علينا أن نخترق إلى الداخل، بعض الشيء، لنتعرف على القوة الداخلية التي تصمم وتشكل المادة.

يمكننا تعريف القوة الداخلية الموجودة في كل مادة أو شيء "بإرادة البقاء". هذه القوة (إرادة البقاء) تصمم شكل المادة وتعين مميزاتها وطبيعتها وسلوكها. هناك أشكال وإمكانيات اندماجية لا متناهية "لإرادة البقاء" وهي توجد في أساس كل المواد في هذا العالم. إن درجة أرقى من المادة هي عبارة عن "إرادة بقاء" أكثر شدة. والإرادات المختلفة الموجودة في كل درجة من درجات المادة وهي: الجماد والنبات والحيوان والإنسان الناطق، تؤثر على العمليات المختلفة التي تحدث في كل مادة.

إن إرادة البقاء تتخذ من مبدأين رئيسيين منهجاً لها: (أ) المحافظة على شكل المادة الحالي، بمعنى الاستمرار في الوجود. (ب) إضافة أي شيء تشعر المادة بأنه مهم لوجودها وبقائها.

أن إرادة إضافة شيء ما للمادة هي ما تفرق بين الدرجات المختلفة لهذه المواد.

في مستوى "**الجماد**"، نجد أقل إرادة بقاء. والسبب أن إرادة "الجماد" أقلّ من غيره من المواد، فهو لا يحتاج أن يضيف أي شيء خارجي له لكي يضمن بقاءه. إرادته الوحيدة هي أن يحفظ على شكله الحالي وتكوينه وخصائصه، مثل الذرة والجزيئة والبلور، فهو يرفض أي جسم غريب عنه. جاءت تسميته جماداً لأن إرادته الوحيدة هي ألا يتغير.

وفي مستوى "**النبات**"، نجد إرادة بقاء أقوى. إن هذه الإرادة مختلفة غاية الاختلاف عن إرادة الجماد. إن النبات يتغير. ولا "يكتفي" بالمحافظة على وجوده فحسب، مثل الجماد، بل يمر أيضاً بعمليات معينة. لهذا، نجد بأن موقف النباتات من البيئة نشط. على سبيل المثال، نجد أن النباتات تتحرك باتجاه أشعة الشمس وترسل جذورها باتجاه مصادر الماء. وتعتمد النباتات، بشكل كامل، على البيئة لضمان وجودها (الشمس، المطر، درجة الحرارة، الرطوبة والجفاف).

إن النباتات تحصل على احتياجاتها الأساسية من البيئة، لضمان بقائها ونموها. وتقوم بحل هذه العناصر ومن ثم تبني منها كل الذي تحتاج إليه. وبعدها تقوم بإفراز ما يضرها، ثم تنمو. ولهذا، فإن النبات يعتمد على البيئة أكثر من الجماد.

إن للنباتات دورة حياة خاصة فيها حيث أنها تحيي وتموت. ومع ذلك، فإن النباتات المنتمية لفصيلة واحدة تنمو في نفس

الفصل من السنة، وتنمو وتذبل طبقا لنفس القوانين. وبعبارة أخرى، كل النباتات المنتمية إلى فصيلة ما، تعمل بنفس الشكل. والعناصر الموجودة في كل فصيلة نباتية لا تتمتع بصفة متميزة خاصة بها دون غيرها.

كلما كانت إرادة البقاء في المادة أشد، كلما كان الاعتماد على البيئة والارتباط بها أعظم. ويظهر هذا الارتباط بوضوح أكثر على مستوى **الحيوان**، حيث إرادة البقاء عند الحيوانات أشَد مما هو موجود لدى النبات. وتعيش معظم الحيوانات في جماعات وقطعان وتتميز بالحركة الكثيرة. كما أنها تجول الأرض بشكل مستمر بحثاً عن الطعام أو حالات معيشية مناسبة. وتحتاج الحيوانات إلى أن تأكل غيرها من الحيوانات أو النباتات وتعتبرها مصدراً للطاقة الذي يضمن بقاءها.

وعلى مستوى الحيوان، يظهر تطور معين من الشخصية. يعمل هذا التطور كمحفز لحواس وعواطف الفرد الحيواني، مما يضفي عليه شخصية خاصة به. ويشعر كل حيوان ببيئته على مستواه الشخصي. وبناء عليه، يقترب مما يفيده ويبتعد عما يؤذيه. وتتميز دورة الحياة للحيوان بالتفرد، حيث يعيش كل كائن ويموت في موعد خاص له. وذلك يختلف عن دورة حياة النباتات حيث فصول السنة هي التي تملي على النباتات دورة حياتها.

أعظم درجة من درجات إرادة البقاء موجودة لدى **الإنسان،** وهي درجة المتكلم. إن الإنسان هو الكائن الوحيد الذي يعتمد كلياً وبشكل كامل على غيره من الناس. إنه الكائن الوحيد الذي يشعر

بالماضي وبالحاضر وبالمستقبل. ويؤثر الناس على البيئة تمامًا كما تؤثر البيئة عليهم. وبناء على هذا، فإننا كبشر نتغير بشكل دائم. ليس فقط لأننا نشعر بالسعادة أو الحزن في الحالة التي نعيشها الآن، بل كذلك نتيجة الشعور بالغير الذي يجعلنا نريد كل ما يملكه الغير. أضف إلى هذا أننا نريد دائماً أن نحصل على أكثر مما عند الآخرين، أو ألا يحصل الآخرون على شيء مطلقاً. وسبب ذلك، أننا نريد أن نحسن من أحوالنا ورضانا بالنسبة لأحوال الآخرين. لهذا السبب فإن إرادة البقاء في الإنسان تسمى **"بالأنانية"** أو **"إرادة التمتع"** أو **"إرادة الحصول على اللذة والمتعة"**.

ويقول في ذلك علامة الكابالا "صاحب السلم": "إن إرادة الحصول هي جوهر الخليقة، من البداية وحتى النهاية. ولهذا فإن كل عمليات الخلق الكثيرة وأحداثها المتعددة والطرق التي تدار بها، سواء إن ظهرت أم سوف تظهر، كلها تعتبر مقاييس وتغيرات في القيم العددية لإرادة الحصول لا غير."

ليس البشر "مخلوقات متطورة أكثر من غيرها بقليل فحسب"، بل مختلفون بشكل أساسي عن الحيوانات. عند الولادة، يكون الإنسان كائناً عاجزاً وضعيفاً، ولكن كلما كبرنا، صرنا نرتفع ونسمو فوق كل المخلوقات الأخرى. بينما العِجل الصغير حديث الولادة والثور البالغ (مثلاً) لا يتميزان عن بعضهما البعض سوى بالحجم، وليس بالحكمة. ومن جهة أخرى، فإن الرضيع البشري يكون ضعيفاً وربما عاجزاً تماما. ولكنه تدريجياً، على مر السنوات، يكبر ويتطور.

إن نمو جرو الحيوان يختلف عن نمو ذرية الإنسان غاية الاختلاف. وقد قيل في ذلك: "إذا صار عمر العجل يوماً واحداً فقط، سُمي ثوراً". ومعنى ذلك أن العجل فور ولادته يسمى "ثوراً" لأنه ليست هناك خصائص أساسية أو جوهرية تضاف إليه وهو في طور النمو. أما الإنسان، فيحتاج إلى نمو طويل الأمد. عندما يولد طفل رضيع، فإنه بالكاد يريد أي شيء. ولكن، على مر حياته، تنمو إرادة التمتع لديه أكثر فأكثر.

وعندما تظهر لدينا إرادة جديدة، فإن هذه الإرادة تخلق احتياجات جديدة، يشعر الإنسان أنه بحاجة ملحة إلى سدها. ولكي يتم سد الاحتياجات الجديدة بشكل ناجح، فإن الدماغ يتطور عندما نفكر في طرق لسد الاحتياجات الجديدة. ومن هنا يتبين بأن تطور القدرات الفكرية والعقلية لدى البشر هو نتيجة لقوة إرادة التمتع لدينا.

بإمكاننا أن نلاحظ كيفية عمل هذا المبدأ من خلال متابعتنا لطريقة تربيتنا لأطفالنا. لكي نساعد أطفالنا على النمو، فإننا نقدم لهم ألعابًا تتحدى قدراتهم. وتجعلهم رغبتم في الفوز باللعبة يفكرون في طرق جديدة للمواجهة، وهذا يؤدي إلى تقدم نموهم. ومن وقت إلى آخر، نقوم بتصعيب اللعبة عليهم لمساعدتهم على التقدم في النمو وعدم الوقوف في نفس المكان. ولهذا، ما دام الإنسان لا يشعر بنقصان شيء ما في حياته، فإنه لن يتمكن أبداً من التطور. عندما نريد شيئا فقط، نبدأ بتشغيل عقولنا والتفكير في كيفية الحصول عليه.

إن حقيقة وجود العقل والعاطفة معاً في شخصية الإنسان تؤدي إلى تطور إرادته للنمو. إن العقل والقلب يكملان بعضهما البعض، مما يزيد من قدرتنا على الإدراك والشعور بالأشياء التي يمكن التمتع بها. لهذا السبب فإن قوة الإرادة عندنا ليست محدودة بزمان أو مكان معينين. وعلى طريق المثال، لا نستطيع أن نشعر بأحداث قد وقعت قبل ألف سنة، ولكننا نستطيع أن ندرك ونفهم أحداث الماضي بعقلنا حتى يمكننا أن نشعر بها. والعكس يمكن أيضًا: إذا شعرنا بشيء ما وأردنا أن نختبر كيف من الممكن أن يؤثر هذا الشيء فينا، بشكل إيجابي أو سلبي، فإن بمقدورنا أن نحلل الموقف بعقولنا ومن ثم نربطه بشعورنا تجاه ذلك الشيء.

وهكذا فإن العقل والقلب معاً سيقومان بتوسيع إدراكنا للزمان والمكان ولا يعتبران محدودين بعدُ. ولهذا فإن شخصاً يعيش في مكان معين قد يريد أن يشبه بناس قد سمع عنهم، حتى وإن كانوا على مسافة بعيدة عنه. وعلى نفس النحو، قد يريد شخص من عصرنا أن يشبه بأشخاص يعتبرهم ناجحين، وليسوا من جيله فقط، بل يريد أن يقلد شخصيات تاريخية عظيمة.

عندما نلبي إرادة التمتع عندنا، فإننا نشعر باللذة والمتعة. وعندما نفشل في إرضاء رغباتنا، فإننا نشعر بالخواء والإحباط، وأحيانًا بالمعاناة. لهذا السبب، فإن سعادتنا تعتمد على وجود أو غياب "تلبية الرغبات". فإن أي عمل نقوم به، من أبسط الأعمال وحتى أكثرها تعقيداً، نقوم به لتحقيق شيء واحد فقط، وهو الزيادة من التمتع الذي نشعر به أو التقليل من الألم. وفي حقيقة الأمر،

إنهما وجهان لعملة واحدة. وهذا ما يدعيه "صاحب السلم" في مقالته "السلام":

من المعروف لدى علماء الطبيعة أن الإنسان لا يستطيع أداء أبسط حركة من غير وجود دافع، وهو أن يحقق هذا الشخص أي فائدة لمصلحته. وعلى طريق المثال، عندما يقوم شخص بتحريك يده من الكرسي إلى الطاولة، فإن هذا الشخص يعتقد بأنه إذا وضع يده على الطاولة، فسيحقق لنفسه قدرًا أكبر من المتعة. وإذا لم يعتقد الإنسان بذلك، فقد كان يترك يده على الكرسي طوال سنوات حياته السبعين من غير أن يحركها. بل وسيبذل جهده وطاقته لكي تبقى يده ساكنة!

إن الميزة الفريدة في الإنسان، بالمقارنة ببقية الطبيعة، لا تتمثل بقوة إرادته وبطبيعتها فقط، بل بالحقيقة أن إراداته تتغير وتزيد باستمرار، خلال حياته كفرد وعلى مر الأجيال. وتبين دراسة تاريخ التطور الخاص بمخلوقات أخرى، مثل القرود، أن القرد الذي عاش قبل عدة آلاف من السنين ربما مطابقاً تماماً مع القرد العصري. من الصحيح أنه قد طرأت بعض التغييرات على القرد، كما يتغير أي عنصر في الطبيعة، إلا أن هذه التغيرات هي تغييرات بيولوجية فقط، مثل التغيرات الجيولوجية التي تطرأ على الجماد. أما بالنسبة للبشر، فقد مروا بتغيرات جوهرية على مر التأريخ.

تطور إرادة التمتع البشرية

إن تطور إرادة التمتع جعلت الإنسان يشعر بحاجة دائمة لتطوير ما يوجد والاكتشاف واختراع أشياء جديدة. إن كل إرادة أشد من الإرادة التي سبقتها تعني احتياجات أكثر إلحاحًا، وهذا بدوره يخلق قدرات عقلية وإدراكية أشد حدة. إن نمو وزيادة إرادة التمتع لدينا هي التي سببت تطور الإنسانية على مر كيانها وهي التي دفعتنا إلى الأمام.

في البداية، قد تمثلت إرادة التمتع، بسد الاحتياجات الجسدية ألكِيانية فقط، مثل إرادة الغذاء والقيام بالعلاقات الجنسية والعائلة. وتتوفر هذه الإرادات الأساسية منذ فجر الإنسانية.

ولكن لأن الإنسان يعيش في نطاق المجتمع البشري، لقد تطورت لديه إرادات إضافية تسمى "الإرادات الإنسانية الاجتماعية". مثل إرادة التمتع بالثراء ثم بالشرف والسيطرة والسيادة والشهرة. وقد غيرت هذه الإرادات من وجه الإنسانية، حيث أنها أدت إلى تطور طبقات اجتماعية وأنظمة هرمية سلطوية وتغيرات في التركيبات الاجتماعية - الاقتصادية. فيما بعد، ظهرت إرادة التمتع بالمعرفة. وقد تمثلت هذه الإرادة بتطور العلم وأنظمة التعليم والتربية والثقافة. ولقد ظهرت آثارها أولاً في عصر النهضة واستمرت من خلال الثورتين الصناعية والعلمية، ولا تزال حتى يومنا هذا. وقد كان نمو حركة التنوير وتحول المجتمع إلى أكثر علمانية بمثابة مظهر آخر لإرادة المعرفة. وتلزمنا هذه الإرادة على أن ندرك الواقع المحيط بنا. ولهذا، نطلب

المزيد من المعلومات ونريد أن نعرف كل شيء وندرس كل شيء ونسيطر على كل شيء.

إذا درسنا التطور الإنساني في الثقافة والتربية والتعليم والعلم والتكنولوجيا على ضوء الإدراك بأن الإرادات تقود إلى كل شيء، فإننا سوف نتوصل إلى نتيجة واحدة وهي أن الإرادات المتطورة هي التي قد خلقت جميع أفكارنا واختراعاتنا وابتكاراتنا. كل هذه الأشياء هي عبارة عن أدوات عمل فقط، ما يشبه الخدم، لا غير. إنها "أدوات تقنية" تطورت لتلبية الاحتياجات التي أوجدتها هذه الإرادات. ومن الجدير بالإشارة أن عملية تطور الإرادة هذه لا تحدث للإنسانية جمعاء على مر التاريخ فحسب، بل تحدث أيضا في الحياة الخاصة بكل فرد منا. وتظهر هذه الإرادات بنا الواحدة تلو الأخرى بتركيبات متنوعة وتقوم بقيادة مجرى حياتنا.

وفي الحقيقة، فإن المحرك الداخلي الذي يدفعنا إلى الأمام ويسبب كل عملية تحدث لدى الأفراد وفي المجتمع الإنساني هو إرادة التمتع. إن تطور الإرادات هي عملية متواصلة. هذه العملية هي التي تحدد شَكل حَاضرنا ومستقبلنا.

الفصل الثاني

حدود المتعة

"توجد في هذا العالم مأساتان: المأساة الأولى هي حينما لا نحصل عما نريده، أما المأساة الأخرى – فعندما نحصل عما نريده. والأخيرة هي أسوأ بكثير من الأولى. إنها المأساة الحقيقية" (أوسكار وايلد)

إذا درسنا المتع المختلفة التي نتمتع بها من تحصيل العلم والمعرفة والسيطرة والشرف أو الثراء وكذلك التمتع بالأكل والجنس، فيبدو أننا في معظم الحالات نشعر بالمتعة القصوى في اللقاء الأول والقصير ما بين المتعة وبين إشباعها. ومنذ لحظة الإشباع، تقلّ المتعة شيئاً فشيئاً وقد تستمر اللذة الناجمة عن إشباع الإرادة عدة لحظات، ساعات أو أيام – لكنها تختفي، على كل حال. حتى وإن اجتهد الإنسان سنوات طويلة لإنجاز شيء ما، مثل الحصول على وظيفة محترمة أو شهادة أكاديمية رفيعة، فإنه بعد تحقيق الهدف يختفي الشعور باللذة. من هنا يتبين أن الشعور باللذة الذي يشبع الإرادة هو أيضاً الذي يلغيه.

أضف إلى ذلك، أن دخول اللذة إلى الإرادة وخروجها منها تبني في داخلنا إرادة التمتع بقوة مضاعفة. وما يمنحنا اليوم الشعور بالإشباع، لن يكون غداً كافياً. إننا نريد أكثر من ذلك، أكثر بكثير. من هنا يتبين أن إشباع الإرادات في داخلنا، يزيد منها ويجبرنا على بذل مزيد من الجهود بهدف إشباعها.

يتلاشى الشعور بالحياة وبالحيوية لدى الشخص الذي لا يريد إنجاز شيء ما. لذا فإن المجتمع البشري ينمي لدى أفراده إرادات جديدة طيلة الوقت تنعشنا للحظة قصيرة أخرى. ولكن مرة تلو الأخرى نمتلئ للحظة ثم نفرغ والإحباط داخلنا يزيد.

يدفعنا المجتمع اليوم إلى شراء المزيد والمزيد من المنتجات ويمكننا من شراء كل شيء تقريباً، حتى وإن لم يتوفر لدينا المال الكافي. فإن التسويق العنيف والحاجة إلى استيفاء المعايير الاجتماعية وسهولة توفير الاعتماد، تحملنا على أن نشتري أكثر من قدرتنا المادية الحقيقية. وبعد مدة غير طويلة تختفي لهفة الشراء وكأنها لم تكن، لكن الدفعات بالأقساط ستصاحبنا على مدى سنوات. في هذه الحالات لا تختفي خيبة الأمل من الشراء مع مرور الوقت بل تأخذ بالتراكم.

كما أن الثراء لا يجلب السعادة. لقد اكتشف الباحثون أن هناك هوة ساحقة بين تقييم "رجل الشارع" لتأثير عوامل مثل الثراء والأوضاع الصحية على المزاج وبين تأثيرها الفعلي حسب المعطيات الواقعية التي تمت قياسها. وفي إطار الدراسة، قد تم فحص المزاج اليومي للناس ولم يتبين أن هناك فرقاً ملحوظاً بين الأغنياء والفقراء. علاوة على ذلك، قد تبين أن الحالات المزاجية السلبية مثل الغضب والعداوة منتشرة أكثر لدى الأغنياء.

أحد التفسيرات لغياب علاقة وطيدة بين الثراء والسعادة اليومية بالحياة هو أننا نتعود على الرفاهية والراحة وعلى مستوى حياة جديد بسرعة فائقة ونتوقع المزيد على الفور.

يمكننا إيجاد ملخص لقيود إرادة التمتع فيما قال "صاحب السلم":

"خلق هذا العالم مع نقصان وفراغ لكل الخيرات الطيبة، ومن أجل الحصول على الممتلكات هناك حاجة إلى الحركة. ومن المعروف أن كثرة الحركة تثير الحزن لدى الإنسان. ومن الصحيح أن البقاء دون الممتلكات والخيرات أمر مستحيل، ولذا فإننا نختار المعاناة التي تسببها كثرة الحركة من أجل إشباع إرادة الحصول على الممتلكات. من الصحيح أن كل ما يشترونه ويمتلكونه تابع لهم أنفسهم، ومن له حصة فإنه يشتهي بالأخرى، ولذا فقد تبين أنه لا يوجد إنسان يموت ونصف شهوته بيده. ويتبين أن الناس يعانون من الأمرين، سواء من الحزن الذي تسببه كثرة الحركة وكذلك من الحزن من جراء نقصان الممتلكات، التي ينقصهم نصفها".

يتضح من كل ما تم ذكره أعلاه أن طبيعتنا، وإرادة التمتع، تضعنا في حقيقة الأمر في موقف مستحيل. من جهة، إراداتنا آخذة بالازدياد؛ ومن جهة أخرى، الإشباع الذي الحصول عليه منوط بالكثير من التحرك، أي بنشاطات وجهود كبيرة، نشعر به لفترة قصيرة فقط، وهو يختفي تاركاً لدينا شعوراً مضاعفاً بالخواء. ومع مرور السنين، قامت الإنسانية بتطوير طرق مختلفة لمواجهة مشكلة عدم القدرة على إشباع إرادة التمتع حقا. فإنها، على الأغلب، تعتمد على مبدأين أساسيين واللذان هما في الواقع

"يكذبان" على إرادة التمتع وهما: اكتساب عادات تعطي الشعور بالإشباع والتقليل من إرادة التمتع.

ويعتمد المبدأ الأول على إكساب عادات من خلال تحديد الشروط. في المرحلة الأولى تتم تربية الإنسان على أن عملية معينة تحمل معها أجراً. وبعد القيام بالعملية المذكورة فإنه ينال تقدير مربيه ومن يحيطون به. وبعد مدة يتم التوقف عن منح الأجر لكن يتم ذلك بعد تسجيل هذه العملية لدى الإنسان بمثابة عملية تؤدي إلى الإشباع، وقد قام بتذويتها. وحين يعتاد الشخص على تنفيذ أمر ما، فيمنحه التنفيذ نفسه الشعور بالإشباع. إنه يدقق في تنفيذ النشاط ويشعر بالإشباع الكثير عندما يتبين له أنه استطاع تنفيذ ما يطلب منه بصورة أفضل مما كان عليه في الماضي. ويرفق هذا المبدأ عادة بالوعود بالأجر في المستقبل وأحياناً حتى بعد الموت.

أما المبدأ الثاني فيعتمد على أساس التقليل من إرادة التمتع. إن وضع من يريد ولا يوجد لديه يؤدي إلى الحزن أكثر من وضع الشخص الذي ببساطة لا يريد. الأول يعاني، وفي نفس الوقت، الثاني "راضٍ بنصيبه" ويكتفي بما لديه. إن أساليب الشرق، على وجه الخصوص، هي التي تشددت في استعمال هذا المبدأ، وقامت بتطوير طرق كثيرة ومتنوعة تعتمد على التمارين الجسدية والنفسية التي تقلل من قوة إرادة التمتع، وبالتالي من شدة المعاناة.

وفي الواقع، طالما كنا مشغولين بالسعي وراء المتعة التالية، استمررنا بمزاولة حياتنا الطبيعية وتأملنا خيراً. إن عدم الحصول على الإشباع قد يشعرنا بالنقصان وعدم الرضا. لكن في حالات كثيرة، فإن مجرد السعي وراء الإشباع يشكل بديلاً مؤقتاً للإشباع

نفسه. وخلال البحث عن الإشباع يراودنا الشعور بالحيوية، الذي ينبع من تجدد الإرادات والأهداف التي نصبو إليها، أملاً بالشعور بالإشباع من تحقيقها أو من الطريق التي نقطع نحوها، على الأقل.

يبدو أننا، حتى الآن، أدركنا كيف نجيد استعمال هذه الطرق، ولكن مع النمو الطبيعي لإرادة المتعة، للأنا، يتبين أن مثل هذه الحلول تصبح غير عملية أكثر فأكثر. إن الأنا لدى الإنسان يأخذ بالتعاظم بحيث لا يمكنه إخضاع نفسه لحلول اصطناعية كما أنه لا يسكته. ويتجلى هذا الأمر في جميع مستويات الحياة ابتداء من مستوى الفرد وحتى حياة الإنسانية جمعاء.

المثال الواضح الذي يجسد نمو الأنا على مستوى الفرد هو تحطم الخلية العائلية. العلاقات داخل العائلة بشكل عام وبين الرجال والنساء بشكل خاص هي أولى علاقات تتضرر نتيجة نمو الأنا، لأنها هي الأقرب من الإنسان. يصعب علينا الأنا المتعاظم في انتماء الواحد إلى الآخر أو إلى العائلة.

وفي الماضي، كان نموذج العائلة محمياً من الهزات والتضعضع وشكل جزيرة من الاستقرار. وإذا كانت هناك مشاكل في العالم – كنا نقاتل، وإذا كانت مشاكل مع الجيران، كان بإمكاننا أن ننتقل إلى مكان سكن آخر. غير أن الوحدة العائلية كانت دائماً بمثابة العش الآمن. حتى في الحالات التي لم يعد الإنسان يرغب بالعائلة، فإنه واصل الحفاظ على الخلية العائلية بسبب الأولاد أو بسبب الوالدين البالغين اللذين احتاجا إلى رعايته. ولكن اليوم، الأنا كبير للغاية إلى حد لم نعد نهتم بأي شيء. إن كثرة حالات الطلاق والعائلات الأحادية الوالد، بالرغم من أنه من المعروف أنها تصعب كثيراً على الأولاد، تشكل دليلاً على ذلك. إن ظهور دور

المسنين الكثيرة في الآونة الأخيرة، مؤسسة لم تكن موجودة سابقاً، بحيث كان المسنون متواجدين في حضن العائلة الموسعة تحت رعايتها، يعتبر تأكيداً لهذا الأمر.

كذلك على الصعيد العالمي، هناك تأثيرات واسعة لتعاظم الأنا. الأمر الذي يضعنا في وضع خاص لم يسبق له مثيل في التاريخ البشري. من جهة، فإن العولمة تكشف لنا إلى أي مدى نتعلق بعضنا بالبعض – في مجال الاقتصاد والثقافة والعلم والتربية والتعليم وفي بقية مجالات الحياة. ومن جهة أخرى، فقد تطور الأنا لدينا بحيث لم نعد نتحمل الآخر بعدُ.

في حقيقة الأمر، كنا منذ الأزل أجزاء داخل نظام واحد، ولكننا حتى الآن لم نكن نعي ذلك. وتكشف لنا الطبيعة ذلك من خلال طريقة العمل المتوازية لقوتين متضادتين: قوة تجمعنا جميعاً لنكون كتلة واحدة، وقوة تبعدنا بعضنا عن البعض وترمي بكل واحد منا في زاوية خاصة به. وهكذا، حينما تبدأ هاتان القوتان تتمثلان بالتطرف الذي يزداد من لحظة إلى أخرى، فعندئذٍ نكتشف شدة تعلقنا بعضنا بالبعض. غير أنه، في الوقت نفسه، قوة الأنا المتعاظمة لدينا تجعلنا ننفر من ذلك. إذا لم تتوقف مشاعر عدم التسامح والاغتراب والكراهية تجاه الغير، فإننا سندمر بعضنا بعضاً.

وقد أنذر "صاحب السلم" بذلك مسبقاً في مخطوطات قد ألفها في أواخر أيامه، أنه إذا لم يطرأ تحول جذري في المسار الأناني الذي تخطو الإنسانية نحوه، فإنها ستجد نفسها متورطة في حرب عالمية ثالثة وحتى رابعة يتم فيها استخدام القنابل الذرية والقنابل الهيدروجينية بحيث سينقرض معظم سكان العالم.

كما أن أينشتاين تحدث أيضاً بلهجة مشابهة: "لا أعلم ما الذي سيستخدمونه في الحرب العالمية الثالثة، ولكنني أعلم ما الذي سيستخدمونه في الحرب العالمية الرابعة – الحجارة!". للأسف الشديد، فإن كلامهما يبدو اليوم حقيقياً أكثر من أي وقت مضى.

على مدار التاريخ كله اعتقدت البشرية بأنه ستصل أوقات أفضل، وسنطور العلم والتكنولوجيا والثقافة والتربية والتعليم، وهي بدورها ستجعل حياتنا أفضل وأكثر سعادة. المكان الذي يجسد هذه الأمور بشكل جيد هو "سفينة الفضاء الكرة الأرضية" الموجودة في مركز أبكوت، أحد منتزهات الملاهي الواقع في ديزني- وورلد الذي بُني في ثمانيات القرن العشرين. تتم قيادة زوار الموقع عبر محطات تصف أحداثاً تاريخية هامة تستعرض تطور البشرية.

تبدأ الجولة من أيام رسومات المغارات، من هناك تستمر لتمر بجميع محطات التطور البشري، مثل بداية استعمال الخشب والورق وتنتهي باحتلال الفضاء. وقد تم تخطيط الرحلة الجذابة التي تم تصميمها حسب الاتجاه الذي كان منتشراً قبل عدة عقود، كقصيدة مدح للإنسان العظيم الذي يخطو قدماً ويتدرج في سلم النجاح. يتم عرض التاريخ البشري أجمعه هناك على شكل تطور غير منقطع نحو السعادة: ها هي تصل غداً! وإن لم تصل غداً – فبعد غد، وإن لم تصل في جيل أولادنا – فستصل في جيل أحفادنا.

ومرت عدة سنوات، وقد انتهى كل شيء اليوم. يوجد لدى كل واحد منا ما كان يحلم به الإنسان قبل مئة سنة. بإمكاننا أن نتسلى ونقوم برحلات ونرتاح ونستمتع بالرياضة وما إلى ذلك.

لكننا لا نؤمن أن المستقبل سيكون أفضل. تحولت الصورة الوردية إلى ظلمة مقتربة وعلاماتها هي العنف والانتحار والإرهاب والأزمة البيئية وحتى عدم الاستقرار الاجتماعي والاقتصادي والسياسي.

نتواجد اليوم في نقطة تحول نبدأ فيها بالصحو وندرك أنه لا ينتظرنا مستقبل سعيد. على ما يبدو، ستكون حياة أولادنا أسوأ من حياتنا. إن الشعور بالتأزم في كافة المجالات، ابتداء من مستوى الفرد وانتهاء بالمستوى العام، هو نتيجة الإدراك أن كل ما طورناه وكل ما نعرفه لم يجلب لنا السعادة. من هنا تنبع مشاعر مختلفة مثل فقدان المعنى والخواء، وبالتالي فإن الاكتئاب والمخدرات هي آفات العصر الحاضر. إنها تعابير عن حالة العجز التي نعيشها نتيجة عدم إدراكنا لكيفية إشباع إرادة التمتع، والأنا الخاص بنا الذي تعاظم ولم يعد يجد إشباعاً في أي شيء معروف.

إحدى الظواهر التي تجسد بصورة جيدة فقدان الأمل بالمستقبل هي تعامل الكثير من أبناء الشبيبة مع الحياة التي تختلف تمامًا عن التعامل الذي كان لدى آبائهم في نفس السن. عالم واسع منبسط أمامهم. هناك فرص للنجاح والتحقيق الذاتي. غير أن الكثير من أبناء الشبيبة يفقدون اهتمامهم بتحقيق الطاقات الكامنة بهم. يبدو أنهم يدركون مسبقا أنه، في نهاية الأمر، لن يكون لذلك جدوى. وبالإضافة إلى ذلك، صورة البالغين الذين من حولهم والذين اجتهدوا كثيراً غير أنهم ليسوا سعداء. لا تضيف إلى رغبتهم بالعمل. يصعب على الآباء فهم ذلك وهم غير قادرين على أن يدركوا لماذا تكون الأمور على هذا الشكل. هم أنفسهم كانوا

مختلفين في نفس العمر، لكن الأمر نابع من أن كل جيل يحمل في داخله التجربة وخيبة الأمل التي تراكمت عبر الأجيال التي سبقته.

من هنا فصاعداً، لن يساعدنا أي حل معروف على تحسين أوضاعنا. وفقط إذا عرفنا أسرار الطبيعة التي يعيش كل كائن حي على أساسها والطبيعة بمجملها، سنستطيع أن نتعلم أين نخطئ وأن ندرك الطريقة المتكاملة لإشباع رغبتنا بالتمتع، الأنا الذي سيجلب الإنسانية إلى حياة مليئة بالمضامين والأمان والهدوء.

الفصل
الثالث

ألإيثار ـ أساس الحياة

تكشف الدراسات التي تجرى على الطبيعة ظاهرة الإيثار. تسمى هذه الظاهرة باللاتينية "الترويزم" (مصدرها من كلمة "ألتر"، ومعناها "الغير").

إستعمل الفيلسوف الفرنسي أغسطس كونت مفهوم ال"الترويزم" في القرن التاسع عشر، وقد عرف الإيثار على أنه عكس الأنانية. تعريفات أخرى شائعة للإيثار هي نزعة للعمل من أجل الغير وحب الغير والإخلاص والكرم المفرط تجاه الآخرين والاهتمام غير الأناني بمصلحة الغير.

وفي الواقع، الإيثار وكذلك الأنانية هما مفهومان لا يليقان بأي مخلوق سوى الإنسان لأن مفهومين مثل النية والإرادة الحرة يخصان الجنس البشري فقط. فإن بقية المخلوقات لا تتاح لها فرصة الاختيار وممارسة نشاطات مثل الأخذ والعطاء والامتصاص والإفراز وكذلك الوقوع فريسة أو التضحية الذاتية فهي مغروسة تماماً في جيناتها وغرائزنا. ومع ذلك، فإننا

سنستعير هذه المصطلحات لنستعملها بالنسبة إليها لكي ندرك بصورة أكثر سهولة قوانين الوجود التي تنظم الحياة في الطبيعة ونستخلص منها العبر بالنسبة لنا.

من النظرة الأولى، تبدو الطبيعة كحلبة أنانية يتنافس فيها الأفراد ويتنازعون بعضهم مع البعض والبقاء للأقوى. ومن هنا دعت الحاجة الباحثون إلى تطوير نظريات مختلفة تفسر ما هو الدافع المباشر أو غير المباشر للفرد للعمل بشكل ايثاري.* غير أن التأمل بشكل أكثر عمقًا وبنظرة أكثر شمولية يبين أن جميع الكفاحات والمواجهات تعمل على خلق أكثر مدى من التوازن ودعم الوجود بصورة متبادلة، للمزيد من الصحة ومن أجل تطور أشد نجاعة للطبيعة برمتها.

ولقد كان من الممكن مشاهدة مثال على دورة التوازن في الطبيعة في بداية التسعينات، حينما قررت حكومة كوريا الشمالية التخلص من قطط الشوارع التي شكلت مصدراً للانزعاج. وبعد بضعة أسابيع من إبادة معظم القطط طرأ ارتفاع على عدد الفئران والجرذان والثعابين، مما دفع الحكومة على استيراد القطط من الدول المجاورة. مثال واضح آخر يأتينا من عالم الذئاب. إننا معتادون على التعامل مع الذئاب على أنها حيوانات مضرة ومتوحشة، لكن حين بدأت الذئاب بالانقراض، اتضحت مساهمتها البارزة بتوازن عدد الوعول والخنازير البرية والقوارض المختلفة. يتضح بأن الذئاب، على النقيض من البشر الذين يفضلون صيد الحيوانات المعافاة والأوفر صحة، فإن الذئاب تصطاد الحيوانات المريضة والضعيفة بشكل خاص. هكذا تساهم الحيوانات المفترسة بالحفاظ على صحة الحيوانات الأخرى.

إذاً، فإنه كلما تقدم البحث العلمي، تبين مدى ترابط الأجزاء المختلفة في الطبيعة بعضها مع البعض كأجزاء تعمل ضمن جهاز شامل واحد. وفي الحقيقة حينما ننظر من منطلق عالمنا الشعوري إلى الطبيعة، نعتقد أن الطبيعة مليئة بالقسوة. ولكن في الواقع فإن افتراس مخلوق معين على أيدي مخلوق آخر هو عملية لضمان استمرار الانسجام والصحة في نظام الطبيعة برمته. إنها لا تختلف عن حقيقة موت المليارات من الخلايا في جسمنا في كل لحظة وتجدد مليارات أخرى من الخلايا بحيث أن استمرارية الحياة متعلقة بذلك.

الانسجام بين الخلايا في الجسم الحي – تبرز في كل جسم حي متعدد الخلايا ظاهرة مثيرة للاهتمام: إذا نظرنا إلى كل خلية كوحدة قائمة بحد ذاتها، وجدنا أنها تعمل بصورة أنانية و "تفكر" بنفسها فقط. غير أننا إذا نظرنا إليها كجزء من نظام، كخلية في الجسم، وجدنا أنها تأخذ لنفسها الحد الأدنى فقط بالقدر المطلوب لبقائها، وأما فيما يتعلق ببقية أعمالها، فإنها تعمل لمصلحة الجسم. إنها تتصرف بصورة إيثارية، "تفكر" فقط بمصلحة الجسم بكامله وتتصرف بما يتماشى مع ذلك.

لا بد من وجود الانسجام التام بين جميع خلايا الجسم. توجد في نواة كل خلية مادة وراثية متشابهة؛ على كل خلية أن تكون واعية بما يدور بالجسم كله، وأن تعرف ما يحتاج إليه الجسم وما الذي يمكنها أن تقوم به من أجله. لو لم يكن ذلك، لما استطاع الجسم أن يبقى. إن كل ما تقوم به الخلية – البدء بانقسام الحلية

والتوقف عن ذلك واكتساب التجربة الوظائفية والتحرك باتجاه معين في الجسم – كل هذا يتم حسب احتياجات الجسم.

الارتباط يخلق حياة على مستوى جديد – على الرغم من توفر نفس المعلومات الوراثية تماماً في كل خلية من خلايا جسمنا، فإن كل خلية تقوم بتشغيل جزء مختلف من المعلومات الوراثية الشاملة، وفقًا لموقعها في الجسم ووفقاً لوظيفتها. في المراحل الأولى من التطور الجنيني، تكون كافة الخلايا متشابهة. لكنها مع الوقت تمر بعملية تمايز، تكتسب من خلالها كل خلية مميزات يتسم بها كل نوع معين من الخلايا. يوجد لكل خلية "عقل" خاص بها، لكن الترابط الإيثاري بينها يمكن تكوين مخلوق جديد، جسم كامل. وينتمي عقل الجسم إلى مستوى أعلى ولا يوجد في هذه الخلية أو تلك وإنما في الترابط بينها.

الخلية الأنانية هي خلية سرطانية – تعمل الخلايا السليمة في الجسم في إطار تشكيلة واسعة من القوانين والقيود. ولكن على النقيض منها فإن الخلايا السرطانية لا تراعي هذه القيود. السرطان معناه تآكل الجسم على أيدي خلاياه التي بدأت بعملية من التكاثر الذاتي غير المراقب. وفي عملية تكاثرها، يتم انقسام الخلية السرطانية دون توقف. إنها لا تهتم ببيئتها ولا تنصاع لأوامر الجسم. تدمر الخلايا السرطانية بيئتها وبذلك تفسح المجال لنموها. إنها تقوم بتنشيط الأوعية الدموية المجاورة لها لكي تنمو باتجاه عمق الورم الخبيث لكي تقوم بتغذيته، وهكذا تقوم بتسخير عمل الجسم كله لصالح نفسها.

تؤدي الخلايا السرطانية إلى موت الجسم من خلال عملها الأناني. إنها تقوم بذلك بالرغم من أن هذا لا يعود عليها بأي فائدة، بل العكس هو الصحيح – موت الجسم هو موت "قتلته." إن الذكاء والمكر التي تستخدمهما الخلايا السرطانية في عملية استيلائها على الجسم تؤدي بها إلى هلاكها هي نفسها. وهكذا، فإن الأنانية حين تنمي نفسها، فتؤدي إلى الموت، بما في ذلك إلى موت نفسها أيضاً. السلوك الأناني و"عدم الاهتمام" بالجسم بأكمله يؤديان مباشرة إلى الهلاك.

حياة الفرد مقابل حياة الجماعة – عند الحاجة، "تتنازل" الخلية في الجسم عن حياتها لصالح الجسم بأكمله. في حالة حدوث اضطرابات وراثية في الخلية من شأنها أن تحول خلية معينة إلى خلية سرطانية، وتقوم الخلية بتشغيل نظام معين يؤدي إلى إنهاء حياتها. الخوف هو أن تتحول إلى خلية سرطانية وتشكل خطراً على الجسم بأكمله، يؤدي بالخلية إلى التنازل عن حياتها من أجل حياة الجسـم.

يمكن مشاهدة التعبير عن عمل إيثاري متشابه، ولكن بظروف مختلفة، بطريقة حياة فطر العفن (Dictyostelium mucoroides). في ظروف المعيشة المثالية، يتواجد فطر العفن على شكل خلايا وحيدة تزود نفسها بالغذاء وتتكاثر بصورة مستقلة. في حين أنه في حالة نقصان بالغذاء، تتحد الخلايا فتكوّن جسماً متعدد الخلايا. وخلال بناء الجسم، تتنازل بعض الخلايا عن وجودها لصالح بقاء الخلايا الأخرى.

مساعدة الغير – يذكر باحث القرود فرانس دي فال في كتابه *Good Natured* (أخيار بالفطرة) أمثلة أخرى كثيرة على الإيثار في الطبيعة. وشارك في أحد الاختبارات قردان تم فصلهما بعضهما عن البعض بمساعدة حاجز شفاف بحيث يمكنهما مشاهدة بعضهما البعض. تم تزويد كل واحد منهما بالطعام في أوقات مختلفة وقد حاول القردان نقل الطعام بعضهما إلى البعض عبر الحاجز.

أظهرت المشاهدات أن يقظة الأفراد واهتمامها بغيرها من القرود يزداد في حالة إصابة أي منها أو عجزه. تمكنت قردة عاجزة أن تبقى على قيد الحياة على مدار عقدين في مناخ صعب، بل ونجحت في تربية نسلها وهي خمسة قرود، بفضل المساعدة التي حصلت عليها من بقية القرود. وقد تمكنت قردة أخرى تعاني من عجز عقلي وحركي من البقاء بفضل الدعم الذي حصلت عليه من أختها الكبرى التي حملتها على ظهرها على مدار فترة طويلة ووفرت لها الحماية. وقد حظيت قردة أخرى فقدت بصرها بالرعاية من جانب الذكور. وقد قام بابون بمساعدة أخيه الذي أصيب بنوبة صرع، واضعاً يده على صدره ومانعاً بحزم المعالجين من الاقتراب منه.

تتصرف الحيوانات الأخرى على نفس النحو. تدعم الدلافين أصدقاءها المصابين وتحرص على بقائها بالقرب من سطح مياه البحر، وذلك حفاظاً عليها من الغرق. وقد حاولت فيلة رقد صديقها المسن يحتضر بين الرمال، رفعه بكل قوتها وذلك بإدخال خراطيمها وأنيابها العاجية تحت جسمه وقد انكسرت أنياب بعضها خلال الجهد المبذول. وقد قام أصدقاء فيلة أصيبت رئتيها

برصاصة أطلقها باتجاهها صياد، بالانحناء تحتها لمنعها من الاستلقاء أرضاً.

المجتمع التعاوني لدى الحيوانات – يوفر لنا عالم الحيوان تشكيلة من الأمثلة الرائعة على الحياة المشتركة، بحيث أن كل فرد يعمل في إطار هذه المشاركة لمصلحة الجميع، مثلاً، عند النمل والثدييات والعصافير وحيوانات أخرى. تركز بيولوجيون على دراسة الحياة المشتركة لدى نوع من العصافير المغردة الذي تعيش في البوادي والمسماة "أم ذنب"، وهي عصافير مغردة ودودة منتشرة في المناطق الصحراوية من الشرق الأوسط. وقد قام البيولوجيون بوصف ظواهر ايثارية كثيرة. تعيش عصافير أم الذنب في نطاق مجموعات، ويتم بينها التعاون للدفاع عن منطقة المعيشة التي تعيش فيها وتعتني سويًا بالعش الوحيد المبني فيها. وحين تأكل جميعها يحرس أحدها على المجموعة بالرغم من جوعه. عصافير أم الذنب التي تجد طعاماً تقدمه لأصدقائها قبل أن تشبع هي نفسها. وتقوم بإطعام ذراري أفراد المجموعة الأخرى وتهتم بسد كل احتياجاتها. ولدى اقتراب حيوان مفترس، تغرد أم الذنب بصوت عالٍ لتحذير أفراد مجموعتها حتى وإن كان ذلك يؤدي إلى كشفها وتعرضها للخطر. إنها تخاطر من أجل إنقاذ عضو المجموعة الذي وقع بين يدي حيوان مفترس.

الاعتماد المتبادل – حتى الآن، قد كشف البحث العلمي عدداً لا يحصى من الأمثلة على الاعتماد المتبادل، ونذكر هنا مثالاً واحداً فقط على علاقة مثل هذه بين فرد من النبات وبين فرد من الحيوان. يعيش نبات اليوكا حياة تكافلية (اعتماد متبادل) مع فراشة

اليوكا. تساعد أنثى الفراش على تخصيب الزهرة: تنقل الرحيق من أسدية زهرة واحدة وتلصقها بالضبط على عامود مدقة زهرة أخرى. وبعد القيام بهذه العملية، تبيض الفراشة في الموضع الذي ستنمو فيه بذور النبات في المستقبل. حين تفقس اليرقانات فإنها تتغذى على البراعم التي تنمو من نبات اليوكا، غير أنها تبقي من البراعم ما يكفي لبقاء النبات في المستقبل.
ويضمن وجود مثل هذه العلاقة استمرارية بقاء الفراشة والنبات معـــاً.

دون الفقر والعوز – في البيئة التي لا تمسها يد البشر، تعيش الحيوانات بصورة تتناسب مع مصلحة المجتمع وليس حسب الاعتقاد المألوف بأن "الأقوى يبقى". في مجتمع مثل هذا تحافظ الحيوانات دائماً على البقاء المتوازن وعلى كثافة سكانية مناسبة لظروف المعيشة. ليس هناك على الإطلاق، فقر وعوز لدى هذه الفئة أو تلك من السكان، إلا إذا وقع "حادث" يقوم المجتمع بإصلاحه بأسرع وقت ممكن. ويعيش المجتمع كله بطريقة تضع كل فرد فيه بالظروف المثالية للبقاء والاستغلال الأمثل لموارد البيئـــة.

كل شيء في الطبيعة يسير نحو الاتحاد – يثبت تقدم الطبيعة أن عملية تحول العالم إلى قرية عالمية صغيرة ليست بمحض الصدفة. إنما هي مرحلة طبيعية من التطور الحضاري نحو الانسجام التام. وفي نهاية العملية، سيتم تكوّن نظام متوازن واحد، جميع أجزائه مترابطة بعضها بالبعض بعلاقات متبادلة وتعاون.

كل عملية تطور تشمل مراحل من الانفرادية والرأسمالية والتنافس، وفي نهاية المطاف يتجمع الأفراد ضمن نظام منسجم واحد. فإن تطور الحياة على وجه الكرة الأرضية يثبت أن قبل مليارات من السنين، قد سكنت الجراثيم الكرة الأرضية، وتكاثرت وبدأ التنافس على الموارد الطبيعية مثل الغذاء ومناطق المعيشة. وفي أعقاب هذا التنافس، ظهر كيان جديد متناسب بصورة أفضل مع ظروف البيئة، وهو مستوطنة من الجراثيم، وهي في الواقع مجموعة واحدة من الجراثيم التي تعمل كجسم واحد. ووفقا لنفس المراحل بالضبط، قد تطورت المخلوقات وحيدة الخلية إلى كائنات متعددة الخلايا حتى تكوّن أجسام حية من النباتات والحيوانات والبشر.

توجد لكل فرد مصلحة شخصية. ماهية التطور هي أن الأفراد ذوي المصلحة الشخصية يرتبطون ليصبحوا جسماً واحداً ويعملون من أجل مصلحته العامة. يرى الباحثون العملية التي تمر بها البشرية في الوقت الحاضر مرحلة ضرورية في الطريق إلى تكوّن عائلة بشرية واحدة تعمل على إشباع مصالحنا جميعًا، فقط إذا تصرفنا كأفراد معافين داخلها.

إن التأمل إلى أسس الطبيعة بشكل عميق يظهر إذاً أن الإيثار هو أساس وجود الحياة. كل جسم حي وكل نظام مركب من مجموعة من الخلايا أو من أجزاء تعمل معاً، تكمل بعضها البعض، ومن خلال العطاء والمساعدة المتبادلة، تتنازل بعضها للبعض حسب المبدأ الإيثاري "الواحد من أجل الجميع". وكلما تعمقنا بدراسة الطبيعة، اكتشفنا أمثلة أخرى تدل على أن كل أجزائها مترابطة بعضها بالبعض بشكل متبادل وأن القانون

العام الذي يعمل في الطبيعة هو **ترابط أجزاء أنانية بصورة ايثارية** أو باختصار **"قانون ألإيثار"**.

لقد شكلت قوى الطبيعة الحياة، بحيث أن كل خلية يجب أن تكون ايثارية تجاه الآخرين لكي تبني جسماً حياً. إنها كونت قانونية تكون بموجبها المادة اللاصقة التي تحافظ على تماسك الخلايا والأعضاء كجسم واحد وهي العلاقة ألإيثارية القائمة فيما بينها. من هنا يتبين أن القوة التي تخلق وتدير الحياة في الطبيعة هي قوة ألإيثار، قوة العطاء والحب، الرغبة بخلق حياة مبنية على أساس قانون ألإيثار، الوجود المنسجم والمتوازن بين جميع أجزائها.

* من الناحية البيولوجية، يتم تعريف ألإيثار كسلوك يفيد الغير، فيما يبدو، على حساب قدرة الفرد على البقاء والتكاثر. ولشرح سبب سلوك الفرد على هذا النحو، تم تطوير عدة نظريات. ونستعرض، فيما يلي، أهمها باختصار. تقول نظرية "الخيار الجماعي" إن ألإيثار يخدم مصلحة المجموعة التي ينتمي الفرد إليها، فلذلك يستفيد الفرد منها أيضًا. وتشرح نظرية "خيار الأقارب" أن ألإيثار موجه إلى أقارب يحملون جينات متشابهة، وبسلوكه ألإيثاري يساعد الفرد، بصورة غير مباشرة، على بقاء الجينات الخاصة به. وتدعي نظرية "التبادلية" أن السلوك ألإيثاري يعتمد على أن الفرد يكافأ أية مكافأة على أعماله. ويعتبر مبدأ "التثقيل" ألإيثاري كأنه طريقة يعبر الفرد بواسطته خصوصيته ومزاياه.

الفصل الرابع

اختلال التوازن

"يا ابن آدم ، لا تطلب شيئا آخر يجلب الشر إلى العالم، أنت وحدك هو".

جان جاك روسو

"الإنسان هو الكائن الحي الوحيد الذي يحمر وجهه من الخجل، وهو الوحيد الذي يحتاج إلى ذلك".

مارك توين

"الإنسان هو الأكثر وحشية من بين كل الحيوانات على الأرض ".

فريدريك نيتشه

تعمل كل مركبات الطبيعة ما عدا الأنا الإنساني حسب قانون الإيثار، وتتواجد هذه المركبات بالتوازن مع البيئة وتخلق نظاماً منسجماً. وعندما يختل التوازن يبدأ التركيب العضوي بالانهيار ولذلك تصبح القدرة على إعادة التوازن شرطاً لوجود الحياة. في الواقع، تعمل قوة دفاع الجسم بأكملها على المحافظة على التوازن. وعندما نتحدث عن جسم قوي أو جسم ضعيف نقصد بذلك قدرته

على المحافظة على التوازن. إن المحافظة على التوازن تجبر كل فرد على العمل بصورة ايثارية تجاه النظام الذي هو جزء منه، وهي أساس الانسجام الشامل للطبيعة بأكملها. إذا لم ينصع فرد معين لمبدأ الحياة، مبدأ ألإيثار ، فهو بذلك يخل بالتوازن. ويعتمد هذان المفهومان، ألإيثار والتوازن، بعضهما على البعض بمثابة السبب والنتيجة.

وعند جميع المخلوقات، ما عدا الإنسان، برنامج التوازن مطبوع فيها ويجعلها تقوم في أي وقت بالأعمال المطلوبة للمحافظة على التوازن. وهي تعرف دائماً ما الذي يجب أن تقوم به، ولذلك لا تتعرض لمواقف غير واضحة لا تعرف كيف تتصرف فيها بالنسبة لأنفسها أو بالنسبة لمحيطها. فإنها ليست حرة أن تتصرف على أهوائها. ولذلك، فمن المؤكد أنها لا تستطيع الإخلال بالتوازن في الطبيعة. فإنما فينا فقط لا يطبع برنامج توازن مثل هذا.

لم تطبع فينا الطبيعة منذ ولادتنا معلومات وغرائز بنسبة كافية التي تتيح لنا العيش بتوازن. ونتيجة لذلك، لا نعرف بصورة مؤكدة ما هو السبيل للعيش بصورة سليمة، ومعنى ذلك، ما هو السبيل للتوازن مع العالم من حولنا. لقد تسبب انعدام برنامج التوازن في أن تطورنا اتجه إلى الأنانية وأخذ في التعاظم من جيل إلى آخر. وهذا يظهر بشكل واضح على المستوى الاجتماعي: الصورة التي يحاول بها الإنسان إشباع إرادة التمتع لا تأخذ بالحسبان وجود أناس آخرين وتمنعه من الوصول إلى الكمال.
لا نتطلع للتواصل بالآخرين بشكل إيثاري كما هو الحال في الطبيعة. وعلاوة على ذلك، لا ندرك أن في ذلك بالذات يكمن

التمتع الكامل الذي نسعى إليه جداً. وذلك، لأن وضع التوازن هو الوضع الكامل والأكثر سعادة، وهو وضع يسير فيه كل شيء بانسجام وليس هناك حاجة للمعارضة من أي نوع كان أو لبناء جدران واقية من أي نوع كان.

إذا نظرنا إلى داخلنا تأكدنا أن كل واحد منا يفكر في وجوده هو فقط، وكل علاقاته مع الغير توجه نحو تحسين أحواله هو فقط. ولكي نحسن حياتنا، ولو بعض الشيء، لكنا وافقنا على أن الناس الذين لا نحتاج إليهم يختفون. لا يوجد كائن حي في الطبيعة غيرنا يتعامل مع من حوله بقصد التسبب في إيذائهم والإجحاف بحقهم واستغلالهم. لا يوجد كائن حي يستطيع الشعور بالرضا من اضطهاد المحيطين به والشعور بالسعادة من معاناتهم. إن الإنسان فقط يستطيع أن يتمتع بأسى إنسان آخر. هناك قول معروف يقول إن المرور بالقرب من الأسد الشبعان أكثر أماناً من المرور بالقرب من الإنسان الشبعان ...

التطلع الأناني الذي نمى بداخلنا من جيل إلى آخر للاكتفاء على حساب الغير، هو عكس التطلع الأساسي لقوة الطبيعة – منح كل فرد حياة ووجوداً مثاليين. لذلك، فإن الأنانية الإنسانية هي القوة الهدامة الوحيدة في العالم، القوة الوحيدة التي تخل التوازن في النظام الشامل للطبيعة.

"الجانب الذي يتساوى فيه جميع الناس في العالم هو أن كل واحد منا سيستغل كل البشر لمنفعته الخاصة، بجميع الوسائل المتوفرة لديه، وبدون الأخذ بالحسبان مطلقاً أنه سيبني نفسه على حساب دمار غيره. ولا يهم هنا بتاتاً الإذن الذي يخترعه كل إنسان لنفسه، حسب الاتجاه المناسب له" – هذا ما يدعيه "صاحب

السلم"، ويضيف قائلاً: "يشعر الإنسان، أن جميع الناس في العالم يجب أن يخضعوا لحكمه، ولمصلحته الخاصة فقط. وهذا قانون مطلق. والفرق الوحيد هو في طريقة اختيار الناس فقط. فهناك من يختار استغلال الناس لتحقيق شهوات بدائية، والثاني للحصول على السيطرة والنفوذ، والثالث للحصول على الاحترام. وليس هذا فحسب، لأنه إذا استطاع ذلك دون بذل جهود كبيرة، كان يوافق على استغلال العالم من خلال كل هذه الطرق: بالثراء والسيطرة والاحترام أيضاً – إلا أنه كان مضطراً للاختيار حسب إمكانياته وقدراته".

هذه الاقتباسات مأخوذة من مقال بعنوان "عالم الوئام". وما يثير الاهتمام هو أنه لكي يتم وضع الطريق للعيش بسلام، يجب قبل كل شيء، تفسير طبيعتنا الأنانية بشكل واضح. ويشرح "صاحب السلم" بأنه، في حقيقة الأمر، ليس من الصدفة ولا يعتبر عيبا أن الأنا في داخلنا يتعاظم باستمرار. واتخذت هذه الخطوة لتوضح لنا ما هو بالضبط طبيعة انحرافنا عن القانون الشامل للواقع، قانون ألإيثار، الذي يعتبر أساس جميع المشاكل في حياتنا، ولتحثنا على إصلاحه. وهدف تعاظم الأنا هو حملنا على الاعتراف بالتناقض بين الأنا الذي بداخلنا، والذي يريد الأخذ لنفسه على حساب الغير، وبين القوة الشاملة للطبيعة، والتي من مميزاتها ميزة ألإيثار، ميزة الحب والعطاء. ومن هنا وفيما بعد نسمي هذا التناقض بيننا وبين قوة الطبيعة باختصار "بنقصان التوازن مع الطبيعة" أو "نقصان التوازن"، واكتساب ميزة ألإيثار على أيدي الإنسان "بالتوازن مع الطبيعة".

ما الذي يسبب لنا المتعة؟

كما تم ذكره، تنقسم إرادات الإنسان إلى إرادات جسمانية – وجودية وإرادات إنسانية - اجتماعية. نتركز الآن على الإرادات الإنسانية – الاجتماعية كي ندرك ما الذي يسبب في نظام العلاقات بيننا وبين غيرنا نقصان التوازن.

تنقسم الإرادات الإنسانية – الاجتماعية إلى ثلاث فئات رئيسية: إرادة الثراء وإرادة الاحترام والسيطرة وإرادة المعرفة. وترمز هذه الفئات إلى جميع الإرادات غير الجسمانية التي من الممكن أن تثار داخلنا. وتعود طبيعة الاسم "إرادات إنسانية – اجتماعية" إلى سببين: (أ) يستوعب الإنسان هذه الإرادات من المجتمع. ولو كان يعيش وحده، لما أراد الإنسان تلك الأشياء، (ب) يمكن أن تتحقق هذه الإرادات في إطار المجتمع فقط.

ولنكون أكثر دقة نحدد أن ما يطلب لضرورة الوجود يعرف باسم إرادة جسمانية، وما يتخطى ذلك يعرف باسم إرادة إنسانية - اجتماعية. وكل إرادة تثار بنا ما تتجاوز احتياجات الوجود – وبقدرتنا متابعة **كيفية التعامل معها**، وفي الحقيقة بسبب ذلك تثار بنا تلك الإرادات.

وتتواجد داخل كل واحد منا إرادات إنسانية – اجتماعية بطريقة اندماج مختلفة، ويمر هذا الاندماج بتغييرات خلال حياتنا أيضاً. وفي أحد أنواع الاندماجات تكون إرادة المال (الثراء) أكبر، أما في النوع الثاني – فإرادة الاحترام، وفي الثالث - إرادة المعرفة.

- "المال" يشير إلى إرادة الإنسان في امتلاك كل شيء عن طريق الشراء، ليكون له. وهذه الإرادة هي شراء العالم كله ليكون ملكاً له.

- "الاحترام" هو إرادة على مستوى أعلى. لا يريد الإنسان عندها الحصول على كل شيء لنفسه كالطفل الصغير ولكنه يدرك أن هناك عالم كبير حوله، وهو مستعد أن يعمل طول عمره لينال الاحترام. وحتى يستعد لدفع المال حتى يحوز على الاحترام. إرادة المال هي إرادة أكثر بدائية، هذه إرادة الفرد للاستيلاء على كل شيء وإضافته لنفسه. وبالمقابل إرادة الاحترام لا تريد إلغاء الآخر؛ إنها تريد وجود شخصية أو صلاحية غيره تحترمه، وتتعامل معه على أنه على مستوى أعلى منها. وهكذا، "الاحترام" يرمز إلى إرادة الإنسان لشراء العالم كله، ولكن ليس كملك له، بل بالعكس – ليبقى خارج ملكيته ولكنه يعطيه الاحترام.

- إرادة "المعرفة" ترمز إلى السيطرة بصورة أوسع. هذه إرادة اكتساب الحكمة، ومعرفة جميع تفاصيل الواقع والإدراك كيف كل شيء يسير، وكيف من الممكن تسخير الطبيعة والبشر لمصلحته. هذه الإرادة ترمز إلى إرادة السيطرة على كل شيء عن طريق العقل.

وتصل إلينا كل إرادة تتجاوز الإرادات الكونية عن طريق المجتمع. ويتم قياس النجاح أو الفشل في تحقيق تلك الإرادات بالنسبة للمجتمع فقط. وقد بينت الدراسة حول السعادة المذكورة أعلاه، أن عندما يطلب من الناس تقدير مدى السعادة التي يشعرون بها، يعتمد تقديرهم على مقاييس اجتماعية، بشكل خاص.

كما اتضح، بأن سعادتنا تنبع بنسبة أقل مما نمتلكه ونحصل عليه وبنسبة أكبر بمقارنة وضعنا بوضع الذين يحيطوننا. وهذا هو كذلك السبب لعدم زيادة مدى السعادة عندما نصبح أغنياء مثلاً، وذلك لأنه كلما تقدمنا قارنا أنفسنا بطبقة أكثر ثراء.

وفي الواقع، الطريقة الوحيدة التي تقرر مدى سعادتنا أو معاناتنا هي المقارنة بالنسبة للآخرين. إذا كان الآخرون أقل، فنحن أعلى نسبة منهم. وإذا كان الآخرون أعلى نسبة منا، فنحن أقل. وعندما ينجح الآخر، يثار بنا الشعور بالغيرة. وفي قلوبنا، وفي بعض الأحيان جلياً، دون أن نستطيع التحكم بذلك، يثار فينا رد فعل تلقائي طبيعي – نحن نتمنى الفشل للآخر. وعندما يفشل الآخر، نشعر بالرضا لأن وضعنا النسبي يتحسن فوراً. "الشر خير إذا كان مشتركاً". هذا القول هو مثال واضح على هذه النسبية.

الناتج عن ذلك هو أن المتع الإنسانية، المتع التي تتجاوز احتياجات الوجود الجسماني، متعلقة بعلاقتنا بالغير، بطريقة تفكيرنا بالعلاقات بيننا وبين الآخرين. ولا يضفي علينا الشيء الذي نمتلكه الشعور الطيب، بل تفوقنا على الغير والتقدير الاجتماعي (فلذلك التقدير الشخصي أيضاً)، وقوة السيطرة الناتج عن هذا الشعور.

ويؤدي تعامل أناني مثل هذا مع الغير إلى نقصان التوازن ونقصان الملائمة بيننا وبين القانون الشامل للطبيعة، قانون ألإيثار. الطموح الأناني للتعالي على الآخرين والاستمتاع على حسابهم والتميز عنهم، هي ضد ما تصبو إليه الطبيعة، وهو

التوحيد بين جميع أجزائها عن طريق ألإيثار، ولذلك فإن هذا هو المسبب لكل معاناة.

هناك قوانين مختلفة في الطبيعة. حتى إن لم نعرف هذه القوانين، فإنها تؤثر علينا، لأن قوانين الطبيعة هي قوانين مطلقة. لو انتهك شخص ما أحد القوانين، فإن هذا الانحراف "يعمل ضده" ويجبره على العودة إلى مراعاة القانون. ونحن على علم بأغلب قوانين الطبيعة والتي تعمل على مستوى الجماد والنبات والحي وكذاك داخل أجسادنا. ولكن على المستوى الإنساني وعلى مستوى العلاقات بين الناس، نخطئ عندما نفكر أنه لا توجد قوانين. فإن هذا الوضع ناجم عن عدم قدرتنا على إدراك قانونية مستوى معين طالما نحن متواجدون داخله، ولكن من داخل مستوى أعلى منه. فلذلك، لا نستطيع الربط بصورة واضحة بين تصرفات أنانية نحو الغير وبين ظواهر سلبية في حياتنا.

استخدام صحيح وعقلاني للأنا

يخلق الأنا نقصان التوازن، ولكن ليس معنى ذلك أنه يجب إلغاؤه، ولكن يجب تصحيح طريقة استخدامه. حاولت الإنسانية على مدى التاريخ الوصول إلى المساواة وإلى الحب والعدالة الاجتماعية بطرق مختلفة، عن طريق إلغاء الأنا أو عن طريق محاولة تقليصه بشكل مصطنع. وقد تلاحقت ثورات وتغيرات اجتماعية مختلفة الواحدة تلو الأخرى، إلا أن جميعها باءت بالفشل. وسبب ذلك هو أنه يمكن التوصل إلى التوازن عن طريق الدمج الصحيح بين شدة قوة القبول كلها وبين شدة قوة العطاء كلها.

وقد وجدنا في الفصل السابق أن القانون الشامل والذي يعمل في كل جسم حي هو الذي يربط بين أجزاء أنانية بطريقة ألإيثار. هاتان القوتان الأساسيتان والمتناقضتان، الأنانية وألإيثار – متواجدتان في كل مادة وفي كل ظاهرة وفي كل مرحلة وفي كل كائن. لو كان ذلك على المستوى المادي، أو على المستوى العاطفي، أو على أي مستوى آخر، فتتواجد دائماً قوتان وليست قوة واحدة. فهما تكملان وتوازنان إحداهما الأخرى ويتمثل ذلك بطرق مختلفة: ألألكترون والبروتون، الشحنة السلبية والشحنة الإيجابية، النفور والجاذبية، الناقص والزائد، الحامض والقلوي، الكراهية والمحبة. ويقيم كل شيء في الطبيعة علاقات متبادلة مع النظام الذي هو جزء منه، وفي هذه العلاقات يندمج القبول والعطاء بشكل منسجم.

تصبو الطبيعة إلى أننا نتوصل إلى الكمال وإلى المتعة اللانهائية، ولذلك طبع فينا الأنا – الإرادة في التمتع، لكي نتمتع. لذلك لا توجد حاجة لإلغاء الأنا. وكل ما يجب علينا أن نقوم به هو أن نصححه، أو على الأصح – نصحح طريقة استخدام رغبتنا بالتمتع، من استخدام أناني إلى استخدام إيثاري. ويستخدم النمو الصحيح كل شدة إرادة التمتع الموجودة بنا، ولكن بشكلها المصحح. وعلاوة على ذلك، بما أن الأنا هو طبيعتنا، فليس من الممكن على الإطلاق أن نعارضه أو نضع له حدوداً لفترة زمنية طويلة، لأنه يعتبر ذلك عملية مضادة للطبيعة. وحتى إذا حاولنا القيام بذلك، فسنكتشف أنه ليس بوسعنا عمل ذلك.

على الرغم من أن وضعنا الحالي لا يعني أن ما تتطلع إليه الطبيعة هو أننا نتمتع، لكن ذلك بسبب أنه، اختلافاً عن جميع

الدرجات الأخرى في الطبيعة، فالأنا الذي بداخلنا لم يكتمل نموه لم "ينضج" بعدُ. ويفسر "صاحب السلم" ذلك على النحو التالي:

"ندرك من كل أنظمة الطبيعة المعروضة أمامنا، أن نجد في كل مخلوق صغير من أي من الأنواع الأربعة: الجماد والنبات والحيوان والمتكلم (الإنسان)، إن كان ذلك بصفة كتلة واحدة أو بصفة أفراد، مراقبة هادفة. ومعني ذلك، النمو البطيء والتدريجي عن طريق تطور "السابق والتالي" [السبب والنتيجة]، مثل الثمرة على الشجرة، التي تتم مراقبتها لهدف جيد حتى تصبح، في نهاية الأمر، فاكهة جميلة وحلوة المذاق. ونرجوك أن تسأل عالم النباتات، كم من المراحل تمر بها هذه الثمرة منذ أن تظهر وحتى وصولها إلى غايتها، إلى مرحلة النضج. حيث أن جميع تلك المراحل حتى الوصول إلى الغاية، لا تُظهر لنا أي مثال يتوافق مع غاية هذه الثمرة من حلاوة المذاق والجمال، بل نرى فيها ما يتناقض مع الصورة النهائية للثمرة فكلما كانت الثمرة حلوة المذاق في نهايتها، كانت أكثر مرارة وأسوأ شكلاً في مراحل نموها السابقة".

وفي الواقع، طالما لم يصل شخص ما إلى نقطة نهايته، إلى تكوّن شكله النهائي ونضجه، فلا تظهر عليه قوة الطبيعة بكمالها. وبالنسبة لحالتنا، نحن البشر، فوضعنا الحالي ليس الوضع النهائي والكامل بعدُ، فلذلك تظهر بصورة غير جيدة. ومع ذلك، كما في الثمرة التي تكبر بالضبط، لا يوجد فينا شيء كي ندمره، وحتى إذا كان موجوداً فهو لم يكن مطبوعاً فينا منذ البداية.

قوة الأنا هي قوة رائعة. بفضلها تطورنا حتى اليوم وبفضلها سنتوصل إلى الكمال. الأنا هو الذي يدفع بنا إلى الأمام ويمكننا من التطور غير المحدود.

ولم نكن نتطور دون الأنا كمجتمع إنساني ولم يكن بيننا وبين الحيوانات فرق من الناحية الجوهرية. وبفضل الأنا الخاص بنا، لسنا مستعدين بعدُ للاكتفاء بالمتع المعروفة والمؤقتة، ونطالب اليوم الحصول على ما هو أبعد من تلك المتع.

كل الحكمة هي إدراك طريقة استخدام قوة الأنا بتعقل والاستعانة بها للتقدم نحو الارتباط ألإيثاري بالآخرين. الطريقة التي تساعدنا على ذلك هي حكمة الكابالا، ومن هنا اسمها. فهي الحكمة في الحصول على التمتع واللذة بشكل كامل.

لا تطالب حكمة الكابالا من الإنسان كبت القوات والدوافع الأنانية الطبيعية التي ولد معها; بل بالعكس، فهي تعترف بها وتشرح للإنسان كيف يستخدمها بطريقة صحيحة ونافعة حتى يصل إلى الكمال. وفي أثناء تطور الإنسان يُطلب منه تركيب جميع المعطيات والميول الموجودة بداخله بطريقة صحيحة ومنسجمة وتكريسها لعملية التطور.

على سبيل المثال، الاعتقاد بأن الغيرة، والشهوة وحب الاحترام هي أخلاق سلبية يعتبر اعتقاداً شائعاً، ومن المعروف الحكمة القائلة "الغيرة والشهوة وحب الاحترام تخرج الإنسان من العالم". والذي يُعرف أقل شيء هو المغزى الباطني للحكمة والذي تظهره أمامنا الكابالا: الغيرة والشهوة وحب الاحترام تُخرج الإنسان من عالمنا – إلى عالم أسمى، إلى طبقة أعلى في الطبيعة.

وذلك بشرط توجيه هذه الميول الطبيعية إلى اتجاه إيجابي ونافع، بحيث تدفع بنا إلى الحصول على التوازن مع قوة الطبيعة ألإيثار.

الأزمة هي فرصة لإعادة التوازن

"عندما تُكتب باللغة الصينية، كلمة **أزمة** تتركب من رمزين، أحدهما يمثل المصيبة والآخر يمثل الفرصة."

جون ف. كنيدي

تهدف الطبيعة إلى التوازن وتبذل جهودها لتتوصل جميع أجزائها إلى التوازن. فلننظر مثلاً إلى انفجار بركان: الضغط الباطني في أعماق الأرض يأخذ في الاشتداد إلى أن يبلغ درجة لا تقدر فيها الطبقة الخارجية للكرة الأرضية على موازنة الضغط. هذه هي حالة عدم التوازن على مستوى الجماد. ويتم حل هذه الحالة عن طريق انفجار البركان الذي يوازن بين الضغوط. هذه هي طريقة الطبيعة: موازنة ما يظهر أنه غير متوازن.

السبب الوحيد لحركة أي مادة أو جسم، حسب تفسير قوانين الفيزياء والكيمياء، هو السعي وراء التوازن. ويُنتج هذا الهدف ظواهر من مقارنة الضغوط وتجمعات المياه في أماكن منخفضة وانتشار الحر والبرد، إلى جانب ظواهر كثيرة أخرى. تُعرف حالة التوازن باللغة العلمية باسم "هومأوستازيس" (كلمة "هومو" معناها شبيه و"ستازيس" معناها حالة)، وتنجذب إليها جميع الأجسام الموجودة في الواقع.

ولكن على مستوى الإنسان إحداث التوازن مرتبط بالمشاركة الواعية. ومن هنا يمكن الإدراك أنه طالما لسنا واعين للحقيقة بأن

معاملة أنانية تجاه الغير تسبب الضرر لنا وللعالم بأسره، فليس من الممكن مطالبتنا بشيء. وبدلاً من ذلك تقوم الطبيعة بمساعدتنا وتنبيهنا بنقصان التوازن، فلذلك فهي تأتي بنا إلى حافة أزمة شاملة في التطور الأناني.

هدف هذه الأزمة هو أن ندرك بأننا متواجدون في مسلك غير سليم ويجب علينا أخذ مسلك جديد. الأزمة هي ليست عقاباً، هدفها هو دفعنا إلى التوصل إلى الكمال. وفي حقيقة الأمر، ليس في العالم عقاب بتاتاً، على أساس أنه لا يمكن أن نُتهم بأننا خُلقنا أنانيين. في عالمنا توجد فقط وسائل تعمل على تطور الإنسان.

من الجدير بالذكر بأن الإنسان، كمادة ماهيتها إرادة التمتع، لا يستطيع التحرك والتقدم أو العمل ليس من منطلق الشعور "بالنقص": إننا نعمل فقط من منطلق الشعور بعدم إشباع الإرادة ونتحرك باتجاه الإشباع المستقبلي. عندما ينقصنا شيء ما وعندما نكون غير مكتفين، فنعاني ونبدأ بالبحث عن الحلول. هذه هي الطريقة التي من منطلقها نتطور ونتقدم. بكلمات الفيلسوف الألماني أرثور شوبنهاور يتم وصف الموضوع على هذا النحو: "فيما يبدو للعيان ينجذب الناس للحركة إلى الأمام. وفي الواقع، هم يُدفعون من الخلف".

الأزمة هي كشف "العيوب" التي تم طبعها في طبيعة الإنسان منذ البداية قصداً، لكي تتاح لنا فرصة "التصحيح" لهذه العيوب بأنفسنا والارتقاء إلى الأعلى، عن طريق عملية التصحيح. وفي الماضي، قبل مئات وآلاف السنين، عندما عانت الإنسانية، لم يكن بمقدورها إدراك سبب هذه المعاناة. أما الآن فنحن ناضجون لندرك السبب ولنلاحظ أن المعاناة توجهنا مباشرة باتجاه اكتساب

ميزة ألإيثار، ميزة الحب والعطاء لقوة الطبيعة. لذلك، يمكن للطبيعة أن تسأل الإنسان في عصرنا: "هل رد فعلك على ما أُخبرت به صحيح؟". واليوم، إلى جانب الضربة، تـُعلم الطبيعة الإنسان بسببها.

حتى الآن تعاملت الطبيعة مع الإنسان ببساطة: فهي قامت بدفع الإنسان للتطور عن طريق الإرادات التي أثارتها فيه. يسعى الإنسان للتطور – في نواحي متعددة – في المجتمع وفي الثقافة وفي التربية والتعليم وفي العلم والتكنولوجيا. إلا أنه، وبشكل فجائي، وصلنا إلى طريق مسدود، ونقف في هذه النقطة ونبدأ بانتقاد أنفسنا. وفي الواقع، منذ تلك اللحظة اكتسبنا القدرة على البدء باختبار إراداتنا، ومنذ هذه اللحظة نلتزم بذلك. لا نستطيع مواصلة تنمية الوعي بالنسبة للسؤال **كيف** يمكن تشغيل إراداتنا بشكل أفضل فقط. بل يجب علينا البدء بالتفكير في إراداتنا وانتقادها كمن يقف جانباً: "إنني إنسان. لدي إرادات. **ماذا** أفعل بها **ولماذا**؟". يُطلب من كل واحد منا التأمل في نفسه من الجانب ومحاولة محاكمة نفسه.

وفي الواقع، فإن قوة الطبيعة هي قوة إيثارية ثابتة وغير متغيرة، وهي تضغط علينا بشكل مستمر لنتوصل إلى التوازن معها. أما الشيء الوحيد القابل للتغيير والذي يكبر حسب البرنامج المطبوع فيها هو الأنا الذي بداخلنا. التناقض الآخذ بالازدياد بين الأنا وبين قوة الطبيعة هو الذي يعمل على زيادة نقصان التوازن. ونشعر بنقصان التوازن فينا بشكل الضغط والقلق وعدم الراحة والمعاناة والأزمات. وتتعلق نسبة هذه الظواهر السلبية بنسبة نقصان التوازن ومن هنا، يمكن فهم سبب كون الشعور بالمعاناة

وعدم الراحة أقل بكثير في الماضي، وسبب تفاقم هذا الشعور يوماً عن يوم.

ينتج عن ذلك أننا بأنفسنا، بنسبة نقصان التوازن بيننا وبين الطبيعة، نحدد شدة المعاناة أو السعادة التي نعيشهما. وبمعنى آخر، حقيقة كوننا أجزاء غير متكاملة في نظام متكامل هي سبب المعاناة وأساس جميع الصعوبات والأزمات.

عندما نربط جميع ظواهر الأزمة على المستوى الفردي وعلى المستوى العام بمسبب نقصان التوازن في النظام، فهو الأنا الإنساني، نستطيع عندئذٍ التقدم نحو الحل. عندما تأتي الضربات مرفقة بإدراك مصدرها، وعندما يُعرف الهدف منها، فهذه الضربات نافعة، لأنها تتحول لتصبح قوى للتقدم. ومن هنا ندرك أن الأزمة ليست أزمة، لكنها وضع أكثر تقدماً لتطور الإنسانية، يظهر في بداية الأمر عن طريق رفض الوضع الراهن. إذا غيرنا سلوكنا ووعينا وتأملنا بشكل مختلف في الأشياء التي تحدث لنا، فسنلاحظ أن ما يبدو لنا الآن كأزمة هو في الواقع فرصة أغلى من الذهب.

الفصل الخامس

مراعاة قوانين الطبيعة

"ليس من المستحب العدو في مسار ثابت حيث إن الهدف بنفسه لم يحدد بشكل دقيق".
فرانسيس بيكون

الهدف من الحياة

القوة الشاملة التي تعمل في الطبيعة وتحفظ على قيامها هي قوة ايثارية. و تجبر هذه القوة كل أجزاء الطبيعة العيش كأعضاء في جسم واحد، بالتوازن والانسجام. ومن خلال استيفاء هذا الشرط يحدث الترابط المسمى "حياة". على جميع المستويات ما عدا المستوى الإنساني هذا الترابط قائم، ومن هنا يظهر أن الهدف من حياة الإنسان هو صنع هذا الترابط بنفسه، وإلى هذا الهدف تدفع بنا الطبيعة. ويمكن تحقيق هذا الترابط من خلال التعامل الايثاري مع الآخرين، والذي يتمثل بالاهتمام بمصلحة الغير. وهذا يوفر للإنسان التمتع الكامل. هذا التمتع ناجم من صنع ترابط على هذا

الشكل مع الغير. ويتوصل الإنسان، من خلاله إلى التوازن مع القانون الشامل للطبيعة وهو أيضاً يندرج في كمال الطبيعة.

إننا المخلوقات الوحيدة التي لا تعمل من منطلق الترابط المتبادل، ولذلك لا نشعر بأننا "أحياء". إلا أنه بالمعنى المجرد للكلمة نحن أحياء، لكننا سنكتشف في المستقبل أن المفهوم "أحياء" يُقصد به وجود مختلف تماماً.

وتشمل الطريقة المؤدية إلى تحقيق الهدف من الحياة مرحلة طويلة من التطور الأناني منذ آلاف السنين. وفي نهاية هذه المرحلة نصحو من الاعتقاد بأن الأنانية ستجعلنا سعداء، بل بالعكس، سنكتشف بأن تعاظم الأنانية هو أساس جميع المشاكل في حياتنا. وفي المرحلة التالية علينا أن ندرك بأننا جميعاً أجزاء داخل نظام واحد وأن نبدأ بالتعامل مع الآخرين بموجب قانون الايثار، وذلك بهدف الترابط معهم كأعضاء في جسم واحد.

وفي البداية، سنقوم بذلك لكي نتهرب من المشاكل في حياتنا فقط. وبالفعل، سيكون أجرنا الفوري التخفيف من الصعوبات في جميع نواحي الحياة والشعور بالمعنى والمضمون. إلا أن خلال مواصلة العملية سنكتشف بأن برنامج الطبيعة المخصص لنا يشمل أكثر بكثير من الوجود الجسماني المريح. ولو انتهى الأمر بذلك، لكان برنامج التوازن وهو البرنامج الايثاري مطبوعاً بنا، مثلما طبع في جميع المخلوقات الأخرى.

ومن الناحية العملية، قد خُلقنا كأصحاب طبيعة أنانية، وذلك فقط لكي ندرك بأنفسنا بأن الأنا بشكله الحالي يتسبب في إيذائنا، لأنه هو عكس الميزة السامية لقوة الطبيعة نفسها. ويحمل البحث

الذاتي عن التوازن الإنسان تدريجياً على معرفة القيمة والأفضلية التي تتصف بهما ميزة الايثار، وهي ميزة الحب والعطاء للآخر.

وكما رأينا، يعمل كل فرد في الطبيعة لمصلحة النظام الذي يتواجد فيه. إلا أن ذلك هو وجود متوازن وغريزي على المستوى المادي. فإن الفرق بين الإنسان وبين المستويات الأخرى في الطبيعة هو أن الإنسان يعتبر مخلوقاً مفكراً. ويتميز الإنسان بقوة التفكير، فهي أقوى قوة في الواقع. إن قوة التفكير أعلى في مكانتها من قوى الجماد مثل قوة الجاذبية والطاقة الكهربائية المستقرة والقوة المغناطيسية وقوى الإشعاع. وأعلى من القوة التي تسبب النمو والتطور على مستوى النبات، وأعلى من القوة الدافعة للحيوانات للتحرك إلى ما يسدّ احتياجاتها والابتعاد عما يؤذيها، وحتى أعلى من قوة الإرادة الأنانية للإنسان.

وهكذا، بينما لا يزال التعامل الجيد للفرد مع النظام في الجماد والنبات والحيوان متمثلاً بشكل مادي، فعند الإنسان المستوى الذي يجب تصحيحه هو، بصورة خاصة، المستوى الفكري والتعامل مع الغير. وقد شرح كتاب "الزوهر"، قبل ألفي سنة تقريباً، وقتئذ بأن "كل شيء يتضح بالتفكير".

من الناحية المبدئية، فإن الاعتراض الداخلي فينا للترابط بالآخرين لنصبح شيئاً واحداً كاملاً هو بمثابة تعبير عن الأنانية. والعكس من ذلك هي الايثار – تحرك داخلي في الإنسان من داخله، من صميم قلبه وإرادته، باتجاه مشاعر الآخرين كجزء منه، هو نفسه. وبناءً على ذلك، لكي نخلق توازن بيننا وبين قانون الايثار للطبيعة، علينا التوصل إلى وضع نريد فيه التمتع ليس

بالسيطرة على الغير واستغلاله لمتعتنا، بل من منطلق التعامل الايثاري مع الآخر والترابط معه كأجزاء في نظام واحد.

عملية التغيير لمصدر متعتنا، من التمتع نتيجة التعامل الأناني مع الغير إلى التمتع الايثاري مع الآخر، تعرف باسم "تصحيح الأنا" أو باختصار "التصحيح". وتتأسس هذه العملية على بناء إرادة جديدة في داخلنا، إرادة اكتساب ميزة الايثار. ولكي نتقدم في عملية التصحيح، يجب علينا أن نستعمل قوة التفكير. في مقاله "التفكير هو نتيجة الإرادة" يشرح "صاحب السلم" أن إرادة التمتع الموجودة فينا هي التي تقرر ما الذي نفكر ونتأمل فيه. وعلى طريق المثال، لا نفكر بأشياء سيئة تتعارض مع إرادتنا مثل يوم الموت، بل نفكر بأمور نريدها فقط.

وبشكل طبيعي، فإن الإرادة تولد التفكير. ومعنى ذلك أن الإرادة تتسبب في تطوير أفكار فينا بالنسبة للطرق الممكنة للتوصل إلى إشباع الإرادة. ومع ذلك، يتميز التفكير بقدرة خاصة، وهي العمل بالاتجاه المعاكس. ومعنى ذلك، زيادة الإرادة. إذا كانت لدينا إرادة صغيرة لشيء ما ونحن نفكر فيه، فستزيد إرادة هذا الشيء. كلما أكثرنا في التفكير في هذا الشيء، ازدادت الرغبة فيه وتعاظمت.

وهكذا تتكوّن دائرة تأخذ في التعاظم: تزيد الإرادة التي كبرت من التفكير، ويستمر التفكير بزيادة الإرادة. هذا هو الجهاز الذي بمساعدته نبني إرادة كبيرة لشيء نحن ندرك بعقلنا أنه مهم، لكنه لا يحتل المكانة الملائمة له في قلبنا، من بين إراداتنا العديدة. هذه هي الطريقة التي من خلالها يمكن تحويل الإرادة لاكتساب ميزة الايثار لتصبح إرادة أساسية في حياتنا.

من هنا بالتأكيد يطرح السؤال كيف نستطيع أن نكثر في التفكير في الترابط الايثاري مع الآخر حيث إن إرادتنا لذلك ليست أكبر إرادة لدينا؟ وبالفعل توجد فينا الآن إرادات أخرى، كبيرة ملموسة وأكثر "حيوية"، ونشغل بالنا بها. وبكلمات أخرى، كيف نستطيع البدء بتحريك هذا الدولاب من تفكير – إرادة – تفكير؟ هنا يأتي دور تأثير البيئة على الإنسان. إذا أدركنا كيف نبني من حولنا بيئة ملائمة، فستكون لنا هذه البيئة أساساً لإرادات وأفكار جديدة، وهي بدورها تعمل على تقوية دوافعنا لاكتساب ميزة الايثار للطبيعة. وبسبب الأهمية الحاسمة للبيئة بالنسبة لتطور الإنسان، سنكرس لها الفصلين القادمين.

ماذا يجب علينا أن نقوم به؟
علينا البدء بالتفكير في أنه من المفضل التوصل إلى التوازن مع قوة الطبيعة والتي يتعلق به مستقبلنا الجيد. ويجب علينا تركيز أفكارنا في أننا أجزاء من نظام واحد كامل يشمل جميع البشر حيث يتواجدون، والبدء بالتعامل مع الغير من هذا المنطلق.

إن التعامل الايثاري مع الآخر معناه توجيه قصدنا، وتفكيرنا واهتمامنا إلى مصلحة الغير. عندما يتجه تفكير الفرد نحو الغير فهو بذلك يتمنى لجميع بقية الناس الحصول على كل ما يلزم لوجودهم. إلا أن ما هو أبعد من الاهتمام بالرفاهية الوجودية فعلى الإنسان تركيز قوة تفكيره لرفع مستوى وعي الغير. فعليه أن يرغب في أن يشعر كل فرد بأنه جزء من الجميع ويعمل بناءً على ذلك.

فإن هذا، قبل كل شيء، عمل داخلي على المستوى الفكري. ومن المهم، التعمق في هذه الفكرة وعدم الموافقة على أنها تفلت من رأسنا، مثلما قد يحدث بالتأكيد. علينا إعارة أهمية كبيرة لأفكار مثل هذه، لأن سعادتنا وسلامتنا تتعلقان بها وبمساعدتها سنتخلص من جميع المشاكل. ورغم أن الموضوع يظهر في البداية وكأنه تجريدي، فبه بالذات، وبه فقط، يتعلق مستقبلنا الجيد.

وإلى جانب التعامل الايثاري الداخلي مع الآخرين على مستوى التفكير، في استطاعتنا كذلك القيام بعمل ايثاري بشكل عملي بالنسبة لهم – مقاسمتهم المعرفة المتعلقة بهدف الحياة وكيفية تحقيقه. إذا نقلنا أهمية هذا الوعي إلى لآخرين وهم الآن يشتركون، ولو بالشيء البسيط، بإدراك المشكلة، ويتواجدون على نفس الفكرة والتحرك للتوصل إلى الحل، سببنا بذلك تغييراً إيجابياً داخل النظام الواحد الذي جميعنا أجزاء منه. ونتيجة لذلك سيتعاظم وعينا أكثر فأكثر، وسنشعر بصورة فورية بتغييرات إيجابية في حياتنا.

إن الشخص الواحد الذي يصحح علاقته بالغير يتسبب في حدوث تغيير على الإنسانية كلها. وهكذا يمكن، فعلاً، رسم العلاقات بين الفرد وبين الإنسانية: أنت والإنسانية جمعاء متواجدون داخل نظام واحد لكن الآخرين متعلقون، فيما يبدو، بشكل كلي، بالطريقة التي تقوم أنت بتشغيلهم. العالم أجمع بين يديك. وهكذا ينتظم الواقع بالنسبة لكل فرد وفرد من البشر.

ولكي ندرك ذلك نتخيل مكعباً له سبعة مليارات طبقة. كعدد سكان العالم تقريباً. وتمثل كل طبقة فرداً واحداً وهو يقوم بتشغيلها. وداخل كل طبقة تتواجد سبعة مليارات خلية. وإحدى هذه

الخلايا هو أنت فعلاً وبقية الخلايا ترمز إلى اشتمال بني البشر الآخرين داخلك. هكذا يُبنى النظام الواحد من ناحية الطبيعة. ومعنى ذلك أن كل فرد مشتمل في الجميع ولذلك نحن جميعاً مترابطون بعضنا بالبعض.

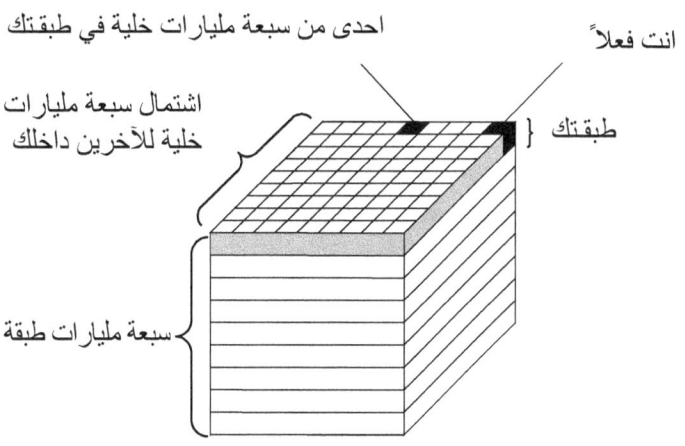

إذا قمت بتصحيح تعاملك ولو مع إحدى الخلايا الأخرى فقط من طبقتك، فستثير جزؤك المشمول فيها بالتأكيد. الآن سيطرأ على هذا الشخص تغيير إيجابي معين مما سيقربه إلى وضع يريد فيه تصحيح تعامله مع الغير. ولن يطرأ التغيير عليه فقط، بل على كل طبقته، وعلى كل الطبقات الأخرى التي تشمله. فلكل شخص طبقته في المكعب كما ستحدث حالة من النهضة داخل المكعب أيضاً. ونتيجة ذلك، فإن شخصاً واحداً يصحح تعامله مع شخص آخر يقوم بتشغيل عملية تغيير إيجابية "غير واعية" في وعي جميع البشر. وتتكوّن روابط متبادلة مثل هذه، بين الطبقات

المختلفة في المكعب، وتعمل على تقدم الإنسانية جمعاء نحو التصحيح والكمال.

ومن الجدير بالذكر أن الإنسانية الآن متواجدة بالتناقض مع الطبيعة الايثارية. ولذلك، حتى إذا أحدثنا تغييراً بسيط فقط فيها، فقد قمنا بتقريبها، بعض الشيء، من التوازن مع الطبيعة. ومعنى ذلك أن نقصان التوازن يصبح أقل، ومعه أيضاً تقل الظواهر السلبية. إلا أن أشخاصاً آخرين لم يقوموا بعد بتصحيح معاملتهم للغير، لن يشعروا بذلك. لكننا، الذين تسببنا في ذلك، نشعر به فوراً. وبذلك، كلما استمررنا بالتفكير والأعمال لزيادة الوعي لكوننا أجزاء من نظام واحد، بدأنا بالشعور بأننا متواجدون في عالم ودي وجيد ومفرح، وأن العالم يُظهر لنا وجهاً بشوشاً.

عندما يرتقي فكر الإنسان ويقوم بتصحيح تعامله مع الغير فيكتسب الإنسان طموحات جديدة:

- "مال" – يشتاق الإنسان إلى اكتساب إرادات الغير ويعمل على تحقيقها. مثل الأم التي تتحمل مسؤولية رعاية أولادها الصغار وتتمتع بسد احتياجاتهم.

- "الاحترام" – الإنسان يحترم كل إنسان حيثما هو ويعامله معاملة الشريك.

- "المعرفة" – يرغب الإنسان في التعلم من كل إنسان آخر بهدف تفهم نواقص الغير والترابط معه، ومن خلال ذلك التوصل إلى التوازن مع الطبيعة. وكنتيجة لذلك يكتسب الإدراك والشعور بالتفكير الايثاري الأعلى الذي يحيط

الواقع كله، وهو تفكير الطبيعة. هذا هو المدخل إلى الدرجة العليا للطبيعة، إلى الكمال.

هذا أمر أبسط بكثير مما يبدو

إن عملية التصحيح، التي عن طريقها نستبدل مصدر متعتنا – من التمتع بالأنانية إلى التمتع بالايثار – تظهر لأول وهلة كشيء غير سهل. إلا أن الواقع يختلف تماماً مما هو ظاهر. يقول صاحب السلم في ذلك: "على الرغم من أن لأول وهلة يبدو البرنامج خيالياً، كأنه خارج الطبيعة الإنسانية، ولكن عندما نتعمق في الأمر نجد أن كل التناقض، من الأخذ لنفسه إلى إعطاء غيره، ما هو إلا تناقض نفسي فقط".

إن المصطلح "تناقض نفسي" لا يرمز إلى أنه يمكن حل المشكلة عن طريق علماء النفس. لكنه يشير إلى مشكلة في تعاملنا الداخلي مع طريقة التمتع: إننا نعتاد على التمتع بالإشباع الأناني للإرادات ومن الصعب علينا أن ندرك بأنه يمكن التمتع بطريقة أخرى أيضاً.

يبدو لنا أن من الأسهل أن نتماشى مع الأنا كما هو (دون تصحيحه)، نتكاسل وننجرف خلف تيارات الحياة "فليحدث ما يحدث". إلا أن الحقيقة تختلف عن ذلك. نحن لا ندرك ذلك، لكن الأنا الخاص بنا، الذي نعتمد عليه ونثق به بأنه سيقودنا دائماً إلى أحسن وضع بالنسبة لنا، ليس نحن بالضبط. الأنا هو عبارة عن حاكم أجنبي يجلس بداخلنا ويستبد بنا. إنه طاغية. إلا أننا نتعود على الاعتقاد بأنه تابع لنا، ويعمل لصالحنا.

وفي اللحظة التي نكتشف فيها بأن الأنا يتحكم بنا دون أن يسألنا إذا كنا نرغب بحكمه، وفي اللحظة التي نعترف بأنه يستقر بنا ويربكنا ويتصرف بنا كأننا **نحن** نريد شيئاً ما وبالفعل **هو الذي يريد**؛ فعندما ندرك كم من القوة والجهد يجب أن نبذله لكي ننفذ متطلباته وما أقل الأجر الذي نقبضه مقابل تعب كبير ومتواصل، فحينئذٍ سنتعامل مع الأنا بصورته الحالية وغير المصححة وكأنه حاكم شرير والأكثر شراسة.

لو قام الناس بعمل موازنة بين الاستثمار وبين المتعة في حياتهم في أيامنا، لكانوا سيكتشفون، حسب ما يقوله "صاحب السلم" إن "العذاب والآلام التي يعانون منها لكي يعيشوا يزيد بكثير عن بعض اللذة التي يشعرون بها في حياتهم تلك". لكن هذا الأمر مخفي عنا. يختبئ الأنا الخاص بنا داخلنا ويتقمصنا إلى درجة الاعتقاد بأننا وهو شخص واحد، وهو يجبرنا باستمرار على أن نطمح للمتع الأنانية. وفي حقيقة الأمر، ماهيتنا هي إرادة التمتع فقط وليست إرادة التمتع متعة أنانية، حسبما نعتقد. وبمعنى آخر، ليست الشخصية الخاصة بنا "الأنا" وعلينا التمييز والفصل بينهما.

منذ اللحظة التي يدرك فيها الإنسان هذا الفرق ويريد اكتساب ميزة الايثار لكي يتوصل إلى التوازن مع قوة الطبيعة فإنه يشعر على الفور بدعم ايجابي من قوة الطبيعة. ومن الجدير بالذكر أن هناك فرقاً شاسعاً بين بذل الجهد المتعلق بأعمال أنانية وأعمال ايثارية: بعدما يكتسب الإنسان ميزة الطبيعة، لا تتطلب منه الأعمال الايثارية التي يقوم بها بذل جهد وطاقة؛ بل بالعكس

- تتم هذه الأعمال بسهولة وراحة، وتتسبب في أن يشعر الإنسان بالإعجاب، والتسامي والاكتفاء.

وبصورة عملية، لا تتطلب الأعمال الايثارية طاقة بل تقوم بتوليد الطاقة بنفسها. ذلك لأن قوة الايثار تعمل، مثل، الشمس التي تطلق الضوء وتكون مصدراً غير منقطع للطاقة، لا ينفد. وبالمقابل، فإن القوة الأنانية تريد الأخذ دائماً، تريد الامتلاء لأنها متواجدة دائماً في حالة من النقص. وهذا يشبه قطبي البطارية الكهربائية، الزائد والناقص. لذلك، في اللحظة التي ينحاز فيها الإنسان إلى القوة الإيجابية، فإنه يشعر بأنه ممتلئاً بالطاقة وبقدرة غير محدودة، ويصبح "كينبوع لا ينضب" ينتج الطاقة ويطلقها من داخله دون كلل وبلا حدود.

إذاً كما قال "صاحب السلم"، إن المشكلة التي تواجهنا هي مشكلة نفسية فقط: كيف ننفصل عن الحسابات الأنانية التي نستفيد منها، كما يبدو، وننتقل إلى الحسابات الايثارية. هكذا نضمن إشباع إرادة التمتع فينا على الفور وبشكل غير محدود، حيث إن المتعة الحقيقية والكاملة متواجدة بالترابط الايثاري بالآخر.

طريق طويل وطريق قصير

اكتساب ميزة الايثار هو الهدف من الحياة الذي يدفعنا إليه قانون تطور الطبيعة عن طريق الأنانية نفسها. هدف الطبيعة هو حملنا على إدراك التصحيح المطلوب، الذي يتيح لنا فرصة إكمال أنفسنا عن طريق الوعي والإدراك، من منطلق الانحياز الذاتي إلى عملية تغيير التعامل مع الغير. ولذلك، أمام كل واحد منا الاختيار بين طريقتين:

- العمل على تقدمنا بعملية التطور. ومعنى ذلك الاعتراف بأن الطبيعة الأنانية المتواجدة فينا مضرة ومتناقضة مع ميزة الطبيعة نفسها وهي ميزة الايثار وتعلم الطريقة وتصحيحها.

- الانتظار إلى أن الضربات والضغوط والمعاناة الناتجة عن نقصان التوازن تلزمنا البحث عن طريقة لتصحيحه غصباً عنا.

تصحيح الأنا في أعقاب التهرب من الضغوط والمعاناة هو أمر مضمون، ولكنه يمنح لنا إمكانية اختيار عملية التطور سلفاً وإدراكها والتحكم بها. هكذا نتوصل إلى التوازن مع القانون الشامل للطبيعة، وهو قانون الايثار، قانون المحبة والإعطاء بصورة أسرع وبطريقة لطيفة. وتسمى هاتان طريقتا التطور الممكنتان "طريق التصحيح" و"طريق الآلام".

لا يوجد أدنى شك بأن الطبيعة "ستنتصر"، وهذا يعني أننا سنراعي قوانينها في نهاية الأمر. والسؤال هو أي طريقة سنختار للقيام بذلك. إن فضلنا المضي بأنفسنا نحو التوازن وذلك قبل أن تتغلب علينا الآلام، فذلك أحسن. وإلا - فستدفعنا الآلام من الخلف وتمدنا بالحوافز من عندها. ومن المثير للاهتمام بأن كلمة "حافز" باللاتينية وهي Stimulus، معناها عصا حاد يوخَز به الحمار لكي يسرع في مشيه.

وفيما يبدو، لكي نعايش وضع التوازن مع الطبيعة، وهو أحسن الأوضاع المتواجدة في الواقع، علينا أن نعايش أولاً الوضع المعاكس له، الوضع الأسوأ في الواقع. حيث إننا ندرك كل

شيء عن طريق الشيء ونقيضه: الضوء مقابل الظلمة الأسود مقابل الأبيض، المر مقابل الحلو، وهكذا دواليك. إلا أن هناك طريقتان ممكنتان لمعايشة وضع سيء مثل هذا الوضع. الأولى – التواجد فيه بصورة فعلية، والثانية – تخيل هذا الوضع. فلذلك قد خُلقنا مخلوقات عاقلة وذات المشاعر.

باستطاعتنا أن نتخيل في تفكيرنا المعنى الفظيع لنقصان التوازن المطلق بيننا وبين الطبيعة دون محاولة معايشته فعلاً، وكما قيل "من هو الشخص الحكيم؟ الذي ينظر في العواقب". إذا تخيلنا أسوأ وضع بشكل وافٍ حتى قبل أن نصل إليه، فسنستخدم هذا التخيل قوة تدفعنا من الأسوأ المستقبلي إلى الأحسن قبل أن يحين الأوان. هكذا نتفادى معاناة شديدة ونعجل وتيرة تطورنا. وقد يعجل نشر المعرفة حول سبب جميع الأزمات والمشاكل وطريقة التخلص منها والخروج إلى حياة جديدة مشي الإنسانية على درب التصحيح.

تغيير طريقة التعامل مع الغير تسبب توازن الطبيعة بأكملها

إننا ندرك بسهولة أن تغيير تعامل الإنسان مع الغير سيؤدي إلى حل المشاكل على مستوانا، وهو المستوى الإنساني – الاجتماعي. ومعنى ذلك أنه لن تكون حروب بعدُ وسيتوقف الإرهاب والعنف وسيتحسن المزاج العام وما إلى ذلك. إلا أن الأزمة الحالية في الوقت الحاضر تصيب المستويات الأخرى في الطبيعة أيضاً – الجماد والنبات والحيوان. ماذا سيكون الوضع بالنسبة إليها؟ كيف سيتحسن وضعها؟ فيما يبدو، لكي نعتني بوضع الأرض والماء والهواء والنباتات والحيوانات علينا أن نتعامل معها بطريقة

مباشرة، أن ننقذها. لذلك فمن المدهش أن نرى أن طريقة التصحيح الخاصة بحكمة الكابالا تتمحور حول العلاقات بين الناس وتربط بينها وبين وضع الطبيعة كلها. فهل من الممكن أن تصحيح العلاقات الأنانية بين الناس يؤثر على وضع المستويات الأخرى أيضاً ويحل، على طريق المثال، مشاكل أخطار البيئية وقلة الموارد الحيوية التي تهددنا؟

هنا علينا أن نعرف بأن قوة الطبيعة الايثارية التي تؤثر فينا هي قوة واحدة، لا تجزئة فيها. إلا أنها تنقسم، بالنسبة لنا، لطبيعة الجماد والنبات والحيوان والمتكلم (الإنسان). ومعنى ذلك أنها تنقسم لدرجات تأثير مختلفة علينا. وعلى مستوى الجماد، إنها تؤثر علينا عن طريق الأرض مثلاً. وعلى مستوى النبات يكون التأثير عن طريق النباتات والأشجار. وعلى مستوى الحيوان فالتأثير يكون عن طريق الحيوانات وعن طريق جسمنا أيضاً. وعلى مستوى المتكلم يكون التأثير عن طريق المجتمع من حولنا. وعلى وجه الإجمال، هذه هي قوة واحدة. لكن أحاسيسنا حسبما سنرى فيما يأتي، تقسم هذه القوة في نظرنا لقوات عدة ولدرجات مختلفة.

إن أعلى درجات التوازن الخاصة بنا، بيننا وبين القوة الايثارية، هي أن نكون معها على فكر واحد وإرادة واحدة وقصد واحد – في التوازن الذي يعرف باسم "مستوى المتكلم". إذا كنا نحب الآخرين وإذا كانت الإنسانية كتلة واحدة يترابط فيها الناس بعضهم بالبعض كأعضاء جسم واحد، خلقنا بذلك توازناً بيننا وبين هذه القوة على أعلى مستوى. فلذلك فإنها تتوازن معنا على جميع المستويات الأكثر انخفاضاً أيضاً. هذا يعني أن جميع العبارات السلبية لنقصان التوازن والمعاناة والعوز التي نشعر بها

حالياً في الجماد والنبات والحيوان والمجتمع الإنساني، سوف تتوقف.

مع ذلك، عندما يوازن الإنسان نفسه بالنسبة لقوة الطبيعة على مستويات، أكثر انخفاضاً من مستوى المتكلم، بما معناه أنه يصحح علاقته مع الجماد والنبات أو الحيوان، فعلى بقية المستويات سيظل يشعر بنقصان التوازن. وإذا تعامل الإنسان مثلاً بحب مع مستوى الجماد الموجود في الطبيعة بأكمله، ولا يدمر الأرض ولا طبقة الأوزون وما إلى ذلك، فإنه سيخلق توازناً على مستوى الجماد، إلا أنه على مستوى النبات والحيوان والمتكلم فهو لا يزال غير متوازن. مع أن في ذلك أيضاً يحدث تغيير للأحسن من جهة قوة الطبيعة، إلا أنه سيكون تغييراً بسيطاً فقط، تغييراً موضعياً. لو أن الإنسان تعامل مع الطبيعة بحب على مستوى النبات أيضاً، فلا بد أنه كان سيزيد، ولو بشيء قليل، من التوازن معها، ونتيجة لذلك كان سيشعر بأن وضعه يصبح أريح وأحسن بعض الشيء. إذا تصرف الإنسان على هذا النحو بالنسبة لمستوى الحيوان في الطبيعة، لكان وضعه سيتحسن بعض الشيء، مما هو عليه.

لكن كل هذا، يعتبر أمراً تافهاً بالمقارنة بتوازننا على مستوى المتكلم. لأننا بشر، ونحن "المتكلم". لذلك، مستوى المتكلم فينا هو بالذات الذي يجب أن يكون متوازناً فينا. حتى إذا لم نوافق على ذلك ونحاول بكل قوتنا خلق توازن في تعاملنا مع الجماد والنبات والحيوان، فلن ننجح بتحسين الوضع بشكل فعلي لأن جهودنا لا تتماشى مع ما تقصد الطبيعة بالنسبة لنا. ويشبه هذا

الأمر الإنسان البالغ الذي يتعامل مع الحياة وكأنه طفل صغير ويتجاهل القدرات والمؤهلات العديدة المتواجدة فيه. ومن المعروف أن تصرفات هذا الإنسان لن تغير الواقع بأن الطبيعة تتعامل معه حسب إمكانيات التطور التي طبعتها فيه. حتى إذا لم يستغلها هذا الإنسان.

تتطلع قوة الطبيعة لأن الكل يتوصل إلى التوازن الشامل، وسيتم هذا التوازن عندما يتحول إلى تعامل الإنسان مع غيره معاملة ايثارية. لذلك، فإن قانون التوازن الذي يقوم بتحريك جميع العمليات في الواقع ويدفع بنا إلى التوصل إلى توازن على مستوى المتكلم بالذات، ولا يمكننا من التوصل إلى حياة مريحة وآمنة عن طريق عمليات توازن على مستويات أقل منها. ومعنى ذلك، أنه طالما لا نخلق ترابطاً ايثارياً بين الناس، نستمر بالشعور بأن التأثير الوحيد لقوة الطبيعة علينا يكون تأثيراً سلبياً، والطريقة التي ينقسم بها هذا التأثير في إحساساتنا لمستويات مختلفة، كما ذكرنا، تتسبب في استمرار الصعوبات على جميع مستويات الواقع. فلذلك، ففي نفس الوقت الذي نحاول فيه مواجهة مشكلة معينة، على سبيل المثال في مجال البيئة، تظهر مشاكل عديدة أخرى من جميع الجهات، وبوتيرة مكثفة.

لا نستطيع أن نسمح لأنفسنا التهرب من التركز على معالجة المشكلة الحقيقية، وهي تصحيح العلاقات الأنانية بين الناس والتركز، بدلاً من ذلك، على الاعتناء بالمستويات الأكثر انخفاضاً المتواجدة في الطبيعة. فإن في هذا الموضوع بالذات

يتعلق وضع الطبيعة كلها. وإذا رغبنا حقاً في تحسين وضعها بشكل ملحوظ، فهذه هي الطريقة للقيام بذلك.

وفي الواقع، نحن المخلوقات الوحيدة في الطبيعة التي منحت لها إمكانية الاختيار الحر. ونجد الاختيار الحر على صعيد تصحيح العلاقات بين الناس فقط. التوازن الشامل لجميع مستويات الطبيعة متعلق بتنفيذ اختيارنا. فإن كل ما يجري في العالم متعلق بالإنسان فقط. هذا ما يشرحه كتاب الزوهر. يتم كل شيء ويحدث من أجل الإنسان فقط. وذلك، بهدف مساعدته على خلق الترابط الصحيح بينه وبين الغير، واكتساب ميزة الايثار الخاصة بالطبيعة. هكذا يتم حل جميع مشاكل العالم وتكون الطبيعة كلها قائمة بصورة صحيحة، وبانسجام وكمال.

قوانين الطبيعة التي تم عرضها هنا هي قوانين مخفية وقد قام باكتشافها علماء الكابالا في دراساتهم للطبيعة الشاملة، وهم يشيرون إلى الطريقة لحل جميع مشاكل الكون. وليس من الممكن "طرحها على المائدة" وإثبات حقيقتها. وكل ما يمكن عمله هو شرح هذه القوانين بصورة عقلانية ومقنعة، وليس أكثر من ذلك. وفي نهاية الأمر، بعد الشروح المعللة، على الإنسان أن يقرر بنفسه هل يقبل بها أم لا.

وليس عن الطريق الصدفة أن الأمور تمشي على هذا الوضع. فالطبيعة تريد إبقاءنا مخلوقات مستقلة تستطيع الاختيار إذا أرادت الاجتهاد واكتشاف انحرافها عن القوانين الذي يسبب لها الشعور بتأثير سلبي من قبل الطبيعة عليها. إذا كانت الأشياء

تظهر وكأنها حقيقة ثابتة وواضحة لا تقبل التأويل، كانت إمكانية الاختيار الحر تسلب منا الاختيار الحر الذي هو الوسيلة لتحقيق الطاقة الكامنة الخاصة بمستوى المتكلم. وعندها كنا سنهبط إلى درجة الحيوان والتي يتم تشغيله كاملاً من قبل أوامر الطبيعة. فإن الطبيعة هي التي أدخلتنا إلى هذا الوضع المخفي لكي تتيح لنا فرصة إكمالها بأنفسنا، ولكي نبني عليها في داخلنا درجة المتكلم بأكملها. وإذا انتهزنا فرصة إمكانية اختيارنا الحر، استطعنا أن ننجح بذلك.

الفصل السادس

الطريق إلى الحرية

كل واحد منا يعتبر نفسه وحدة قائمة بحد ذاتها، كياناً خاصاً يتمتع بحرية التصرف. وليس من قبيل الصدفة أن تدير الإنسانية، وعلى مدى مئات من السنين، الحروب من أجل الحصول على مقدار معين من حرية الفرد. وعلاوة على ذلك، فإن مفهوم الحرية يتعلق بالمخلوقات الأخرى أيضاً – نحن نرى إلى أي مدى تعاني الحيوانات عند وقوعها في الأسر، عندما تسلب حريتها. كل ذلك يعتبر شهادة على أن الطبيعة لا توافق على استعباد أي مخلوق.

ومع ذلك، إدراكنا لمفهوم الحرية غير واضح بما فيه الكفاية. وإذا تعمقنا به فلن يتبقى منه شيء. وذلك لأننا قبل أن نطالب بحرية الفرد علينا أن نفترض أن كل فرد في حد ذاته يعرف ما هي الحرية وما الذي يعني التطلع إلى الحرية. إلا أنه يجب علينا قبل ذلك دراسة موضوع أساسي وهو: هل يقدر الفرد على العمل من منطلق الإرادة الحرة؟

الحياة هي عبارة عن حرب مستمرة للتوصل إلى طريقة تمكن الحياة الأفضل. فهل من مرة تساءلنا ما الذي نسيطر عليه وما الذي ليس تحت سيطرتنا؟ ربما في معظم الحالات قد "وقعت القرعة" مسبقاً، إلا أننا نواصل العمل وكأن تسلسل الأحداث يتعلق بنا.

عمل مفهوم الحرية مثل عمل قانون الطبيعة الذي يسيطر على الحياة بكاملها، فلذلك يتطلع كل واحد إلى الحرية. ومع ذلك لا توفر لنا الطبيعة معلومات تتعلق بأوضاع خاصة بنا نتمتع بها بالفعل بحرية الاختيار وبأوضاع تكون فيها حرية الاختيار وهماً فقط.

تدخلنا الطبيعة لوضع من العجز وعدم التأكد المطلقين، وحتى إلى درجة خيبة الأمل من قدرتنا على تغيير شيء ما، إن كان بداخلنا أم في الحياة بشكل عام. إنها تقوم بذلك لتسبب لنا أن نوقف عجلة الحياة ونكرس تفكيرنا في السؤال، ما الذي يمكننا أن نؤثر عليه. إذا تعرفنا على المسببات التي تقوم بصياغتنا، تلك التي في داخلنا وتلك التي خارجنا، فسنستطيع أن ندرك أين بالضبط تتيح لنا الطبيعة فرصة التحكم في مصيرنا.

المتعة والمعاناة

المتعة والمعاناة هما قوتان تدار حياتنا عن طريقهما. طبيعتنا الداخلية وإرادة التمتع تضطرنا إلى العمل حسب صيغة السلوك المطبوعة فينا مسبقاً: إرادة التمتع إلى أقصى حد ممكن مقابل بذل أقل مقدار من الجهود. لذلك فإن الإنسان مضطر دائماً إلى أن

يختار اللذة ويتهرب من المعاناة، وبذلك لا يوجد أي فرق بيننا وبين الحيوانات.

يقر علم النفس بأن من الممكن تغيير سلم الأفضليات عند كل إنسان وتعليمه احتساب الجدوى والمنفعة بطريقة أخرى. يمكن الرفع من شأن المستقبل في عيني كل إنسان كي يوافق على المعاناة من الصعوبات في الحاضر من أجل مكسب مستقبلي. نحن مستعدون، على سبيل المثال، لبذل أقصى جهد في الدراسة لكي نكسب مهنة، لأن في المستقبل، من المتوقع أن الجهد المبذول يجني أجراً مرتفعاً أو مكانة مرموقة. يتعلق كل شيء بحسابات الجدوى التي نقوم بها. نحن ننقص الجهد اللازم لكي نحصل على شيء ما من المتعة المتوقعة منه. إذا كانت النتيجة إيجابية، فنحن نعمل للحصول عليه. لا يوجد هنا شيء غير الثمن الذي يجب علينا دفعه مقابل الأرباح المستقبلية. كلنا مبنيون على هذا النحو.

ومن هذه الناحية، الفرق بين الإنسان وبين الحيوان هو فقط أن الإنسان يستطيع التطلع إلى الأمام إلى هدف مستقبلي والموافقة على المرور بتجربة فيها نسبة معينة من الصعوبة، من المعاناة ومن العذاب من أجل الأجر المستقبلي. إذا تمعنا في الإنسان اكتشفنا أن جميع أعماله تنبع من منطلق حسابات مثل هذه، وهو بالفعل يقوم بإنجازها غصباً عنه.

وباستثناء الحقيقة أن إرادة التمتع تضطرنا إلى التهرب من المعاناة والعذاب وإلى اختيار المتعة الماثلة أمامنا دائماً، فليس في قدرتنا حتى الاختيار بشكل قاطع لنوع هذه المتعة. القرار مما نتمتع به لا يحدث نتيجة لاختيارنا وإرادتنا الحرة، ولكنه يتأثر من

إرادات الآخرين. يعيش كل إنسان في بيئة لها ثقافتها وقوانينها. فإن هذه الأشياء لا تحدد طريقة تصرفنا فحسب، بل هي تبني في كل واحد منا تعامله مع كل نواحي الحياة.

لا نختار نمط حياتنا بالفعل، وحتى مجالات الاهتمام والفعاليات في أوقات الفراغ والطعام الذي نأكله وقواعد الموضة التي نختار ثيابنا حسبها وما شابه ذلك. ويتم اختيار كل هذه الأشياء حسب رغبة وذوق المجتمع الذي يحيطنا، وليس بالذات حسب رغبة وذوق صفوة المجتمع، ولكن حسب الأغلبية فيه. ومن الناحية الفعلية نحن مقيدون بقواعد الأدب وأذواق المجتمع، التي أصبحت القواعد السلوكية في حياتنا. تقدير المجتمع هو الدافع لكل ما نعمله. وكذلك عندما نريد أن نكون مختلفين ومميزين، وأن نقوم بشيء لم يقم به أحد من قبل، أو أن نشتري شيء ما لم يشتره أي إنسان بعدُ، وحتى الانفصال عن المجتمع وابتغاء العزلة، فإننا نقوم ذلك كي نحظى على تقدير المجتمع. وأفكار على نحو "ماذا سيقولون عني؟"، و"ماذا سيفكرون بي؟" هي أهم شيء بالنسبة لنا، إلا أننا بشكل عام نميل إلى إنكارها وكبتها، لأن الاعتراف بذلك كأنه سيلغي "الأنا" الخاص بنا.

أين يوجد الاختيار؟

من كل ما تم ذكره، يطرح السؤال: أين يتواجد اختيارنا الحر، إذا تواجد فعلاً؟ لكي نرد على هذا السؤال علينا أن نستوضح أولاً ما هي ماهيتنا وندرك من أي عناصر نحن مركبون. وقد شرح ذلك "صاحب السلم" في مقاله "الحرية" الذي ألفه عام 1933 بأنه في كل جسم فعلاً تتواجد أربعة عناصر تقوم بتحديده. ولكي يشرح

ذلك فإنه يستعين بمثال على ذلك بوصف نمو بذرة القمح. حيث إن من السهل مشاهدة مراحل نموها، وهذه المراحل تساعدنا على فهم الموضوع.

1. **المادة الأولية – الماهية الداخلية**

المادة الأولية هي الماهية الداخلية المتواجدة في كل جسم. على الرغم من أن صورتها تتغير، فإنها لا تتغير إلى الأبد. ومثال على ذلك، القمح يتعفن في الأرض وتنمحي صورته الخارجية تماماً، ولكن مع ذلك تنتج ماهيته الداخلية نبتة جديدة. العامل الأول الماهية – الأساس، والشفرة الوراثية التابعة لنا – متواجدة فينا منذ البداية ولذلك فمن الواضح أننا لا نستطيع التأثير عليها.

2. **الخصائص غير القابلة للتغير**

إن قوانين التطور للماهية من جهتها هي نفسها لا تتغير إلى الأبد، ومنها تنبع الخصائص غير القابلة للتغير في الجسم. وعلى سبيل المثال، لن تنبت بذرة القمح حبوباً أخرى غير القمح؛ مثلاً، هي لن تنبت الشوفان، ولكنها تنبت صورة القمح السابقة فقط، التي أضاعتها. إن الطبيعة قد وضعت هذه القوانين والخصائص المشتقة عنها مسبقا. فإن كل بذرة وكل حيوان وكل إنسان يحتوي في داخله على قوانين تطور ماهيته. وهذا هو العامل الثاني الذي نركب منه وليس في قدرتنا التأثير عليه.

3. الخصائص التي يمكن تغييرها عن طريق تأثير البيئة

تظل البذرة أن تكون نفس النوع من البذرة، ولكن صورتها الخارجية تتغير حسب البيئة الخارجية. ومعنى ذلك أن غلاف الماهية يتغير تحت تأثير عوامل خارجية وبموجب قوانين معينة ويمر بتغيير نوعي. و يؤدي تأثير البيئة الخارجية إلى أن عوامل أخرى تنضم إلى الماهية، وبالتعاون معها تثمر نوعية جديدة لنفس الماهية. ويمكن أن تكون هذه العوامل الشمس والأرض والسماد والرطوبة والمطر وما شابه ذلك. هذه العوامل هي التي تقرر ما الذي ستكون الصعوبات التي سيواجهها النمو وكذلك كم ستكون الكمية وما هي نوعية الحنطة التي ستنمو من نفس نبتة الحنطة القائمة. هكذا الإنسان أيضاً: بيئته الخارجية يمكن أن تكون الوالدين والمربين والأصدقاء والزملاء في العمل والكتب التي يقرأها والمضامين التي يستوعبها من وسائل الإعلام وما إلى ذلك. وهكذا، فإن العامل الثالث هو القوانين التي بموجبها تؤثر البيئة على الإنسان وتتسبب في تغيير خصائصه القابلة للتغيير.

4. التغيرات التي تطرأ على البيئة المؤثرة على الجسم

إن البيئة التي تؤثر على نمو القمح تتأثر هي أيضاً من عوامل خارجية، وقد تتغير هذه العوامل وبصورة متطرفة: على سبيل المثال، يمكن أن يحدث قحط أو العكس من ذلك، الفيضانات، ففي هذه الحالة تموت الحنطة كلها. وبالنسبة للإنسان، العامل الرابع هو فعلاً التغيرات التي تطرأ على البيئة نفسها والتي تسبب

تغييرات بشكل يؤثر على الإنسان، أو بشكل أدق – يؤثر على خصائصه القابلة للتغيير.

عن طريق هذه العوامل الأربعة يتحدد وضع الأجسام بشكل عام. وتحدد هذه العوامل طباعنا وطريقة تفكيرنا واستنتاجاتنا وهي التي تقرر أيضاً ما الذي نريده وكيف نتصرف في كل لحظة ولحظة. في مقال "الحريـة" يبحث "صاحب السلم" بإسهاب في كل عامل من تلك العوامل ويصل إلى الاستـنتاجات التالية:

- الجذور، الشفرة الوراثية – الماهية – التابعة للإنسان – لا يستطيع الإنسان تغييرها.
- القوانين التي بموجبها تـتطور ماهية الإنسان بحد ذاتها – لا يستطيع الإنسان تغييرها.
- القوانين التي عن طريقها تؤثر مسببات خارجية على تطور الإنسان – لا يستطيع الإنسان تغييرها.
- البيئة التي يتواجد فيها الإنسان ويتعلق بها على الإطلاق – يستطيع الإنسان تبديلها ببيئة أخرى، بيئة أفضل لتقدمه نحو تحقيق الهدف من الحياة.

بعبارة أخرى، لا نستطيع التأثير على أنفسنا مباشرة لأننا لا نحدد ماهيتنا ولا الطريقة التي تتطور بموجبها. وكذاك، ليس باستطاعتنا تغيير قوانين تأثير البيئة علينا. إلا أنه مع ذلك نستطيع التأثير على حياتنا وعلى مصيرنا عن طريق تحسين بيئتنا. إختيارنا الحر الوحيد هو اختيار البيئة الصحيحة. إذا أحدثنا تغييراً على الظروف الخارجية حولنا وعملنا على تحسين بيئتنا، فسنغير من

تأثير البيئة على خصائصنا القابلة للتغيير وهكذا نقرر ما سيكون مستقبلنا.

ومن كل مستويات الطبيعة: الجماد والنبات والحيوان والإنسان، توجد للإنسان فقط إمكانية الاختيار بشكل واعٍ للبيئة التي تحدد إراداته وأفكاره وأعماله. من أجل ذلك، فإن مراحل التصحيح مبنية على علاقات الفرد بالبيئة. إذا عشنا في بيئة تشكل مجالاً ملائماً للتطور، فسنستطيع التوصل بمساعدتها إلى نتائج رائعة.

الفصل السابع

تحقيق الاختيار الحر

تلخيص العوامل الأربعة التي تقوم بصياغة الإنسان تشير إلى أنه في نهاية الأمر يتم تشغيلنا عن طريق مصدرين. المصدر الأول هو المعطيات الداخلية المطبوعة فينا منذ ولادتنا، والمصدر الثاني هو المعلومات التي نستوعبها من البيئة خلال حياتنا.

من المهم الإدراك أن العلم أيضاً توصل إلى استنتاجات مشابهة في هذا الموضوع. وابتداءً من تسعينات القرن العشرين تبلور في العلم مجال الوراثة السلوكية. يتناول هذا المجال إيجاد العلاقة بين الجينات وبين الخصائص الشخصية والإدراكية والسلوكية للإنسان، من الغضب والمغامرات والخجل والعنف وحتى الشهوة الجنسية. كما يدعي الباحثون في هذا المجال بأن الجينات هي التي تحدد نصفاً من صفات الشخصية تقريباً، والباقي تحدده البيئة.

ولأنه ليس في استطاعتنا تغيير المعطيات الداخلية، فعلينا التوجه إلى المسبب الثاني الذي يتعلق به تطورنا – وهو بيئتنا. كل الذي نستطيع أن نعمله لكي نتقدم نحو تحقيق الهدف من الحياة هو

أن نختار بيئة تدفعنا إلى ذلك. في مقال "الحرية" يشرح صاحب السلم ذلك على النحو التالي: "من يبذل الجهد في حياته، ويختار كل مرة بيئة أفضل، فهو جدير بالمدح والأجر. وهنا أيضاً ليس ذلك بفضل أفكاره وأعماله الجيدة، والتي يقوم بها دون اختياره، إلا بسبب جهوده لكسب بيئة جيدة والتي تأتي به إلى تلك الأفكار والأعمال".

الإنسان الذي يبذل قوته لاختيار وخلق البيئة المطلوبة للتطور الصحيح يستطيع أن يحقق عن طريقها الطاقة الكامنة داخله. ولإدراك هذا المبدأ وتطبيقه يتطلب المستوى العالي من الوعي، إلا أنه يبدو أن العديد منا في الوقت الحاضر متواجدون في هذا المستوى.

إذا رغبنا أن تتغير علاقتنا بالغير من الأنانية إلى الايثارية، فعلينا أن نأتي بأنفسنا إلى وضع تكون فيه إرادتنا للاهتمام بمنفعة الغير والترابط معه أكبر من إرادتنا لكل مكسب أناني آخر. وهذا يمكن أن يحدث فقط في حالة توضع الايثار فيها في قمة سلم القيم للبيئة التي نتواجد فيها.

إننا خلقنا كمخلوقات اجتماعية وأنانية، ومن جهتنا ليس هناك شيء أهم من آراء من يحيط بنا. وبالفعل، الهدف من حياتنا هو كسب تقدير ومدح المجتمع. يسيطر علينا رأي المجتمع مطلقاً ودون إرادتنا، كما قد ذكرناه، ونحن على استعداد لعمل كل ما في استطاعتنا في سبيل الحصول على التقييم الجيد والتقدير والاحترام والمدح. فلذلك يستطيع المجتمع أن يدخل إلى أعضائه قيماً وطرقاً سلوكية مختلفة، ومن الممكن أن تكون تجريدية للغاية.

كذلك يبني المجتمع فينا المقاييس التي على أساسها نقيس شرفنا وتقديرنا الذاتي. لذلك، حتى عندما نتواجد وحدنا نتصرف بموجب قيم المجتمع. ومعنى ذلك، أنه حتى إذا لم يعلم أحد بعمل معين قمنا به، فنحن نقوم به لكي، نشعر بتقدير ذاتي إيجابي.

ولكي نستطيع البدء ببناء إرادة الاهتمام بمصلحة الغير ولخلق ترابط بيننا كأجزاء في نظام واحد، علينا التواجد في مجتمع يدعم ذلك. إذا قدر الذين حولنا الايثار واعتبروه قيمة عليا، فسيضطر كل واحد منا بشكل طبيعي إلى الانصياع له والتكيف معه.

وفي الوضع الأمثل، يجب أن ترسل بيئة الإنسان إليه ما يلي: "عليك أن تعامل الآخر والنظام الواحد الذي أنت جزء منه، بصورة جيدة، كي نتوصل إلى التوازن مع الطبيعة". وعندما تكون نسبة إرادة الايثار ملحوظة في المجتمع الذي يحيطنا، فنستوعبها منه. إذا تعرضنا إلى المذكرات وإلى تقدير أهمية الايثار أينما اتجهنا، فسيتغير تعاملنا مع الغير. وبصورة تدريجية، كلما أردنا التفكير في ذلك، زادت إرادتنا لنصبح أجزاءً سالمة داخل النظام الواحد.

لا نستطيع تغيير أنفسنا مباشرة، ولكننا نقدر على تحسين بيئتنا. إننا نستطيع بالتأكيد القيام بذلك. وعندما يتغير تأثير البيئة علينا، فنحن نتغير. البيئة هي الرافعة التي تقوم برفعنا إلى مستوى أعلى. فلذلك، الخطوة الأولى التي يستطيع كل واحد منا اتخاذها هي التفكير والفحص أي بيئة أكثر ملائمة للتقدم نحو الهدف من

الحياة ومن المستحسن التواجد فيها. وذلك لكي يكون التأثير الذي يستوعب منها هو الذي سيعمل على تقدمه نحو ذلك.

وكما ذُكر، فإن قوة التفكير هي أقوى قوة في الطبيعة. فلذلك، إذا هدفنا إلى التواجد في بيئة أحسن، فستأخذنا قوتنا الداخلية على مر الزمان إلى الأشخاص والمنظمات والمدربين والكتب، أو بكلمة واحدة، إلى البيئة التي نستطيع أن نتطور فيها. كلما تركزنا على فكرة تطوير البيئة وحاولنا تحقيق ذلك في حياتنا، افتتحت أمامنا الإمكانيات لتحقيق ذلك.

عندما تكون بيئتنا مركبة من أشخاص يهتمون هم أيضاً بالتوازن مع الطبيعة، سنستطيع أن يشكلوا أمثلة لنا للتشجيع وللتقوية. إنهم سيدركون بأننا نريد أن نتعامل معهم بحب، وسيتيحون لنا فرصة تعلم كيفية القيام بذلك. هكذا يتعلم كل واحد معنى كونه متشابهاً في خصائصه لخاصية قوة الطبيعة، ويشعر ما أحسن الشعور بكونه في حالة حب. ومن يشابه قوة الطبيعة الايثارية لن يشعر بأي ضغط، فلذلك نشعر داخل بيئة مثل هذه بأننا محميين وسعداء وآمنين وفرحين ولا تزعجنا الهموم، وإلى حياة مثل هذه تعمل الطبيعة على توجيه الإنسانية كلها.

تقليد الطبيعة

الجهود التي نبذلها لمصلحة الغير والترابط معه كأجزاء في جسم واحد، وكذلك عملنا على زيادة وعي المجتمع لذلك تؤدي بالفعل إلى بداية تشابهنا بخاصية الحب والعطاء للطبيعة. ومن المؤكد أن ذلك لا يعتبر بعدُ تصحيحاً داخلياً للأنا الخاص بنا، لكنه يعتبر

المرحلة الأولى في العملية التي نقوم بها بتقليد الطبيعة، كالطفل الذي يقلد والده. هو أيضاً لا يفهم بالضبط ما الذي يعمله والده، ومع ذلك فهو يقوم بتقليده لأنه يرغب أن يشبهه. يرى الطفل والده يضرب بالمطرقة فيقوم بتقليد نفس الحركة بمطرقة بلاستيكية تابعة له. ونتيجة لذلك يتطور الطفل ويكتسب تدريجياً عقل والده أيضاً. هكذا نتعامل نحن أيضاً مع أنفسنا: نحاول تقليد خاصية الحب والعطاء للطبيعة، ونستخدم هذا التقليد درجة عليا نسعى للتوصل إليها في داخلنا أيضاً.

من الممكن أن يعود الاهتمام بالغير إلى سببين رئيسيين:

- الرغبة في نيل تقدير واحترام المجتمع.
- الاعتراف الداخلي الحقيقي بسمو خاصية الحب والعطاء للغير وتفضيلها على خاصية الأخذ الذاتي.

ومعنى تقليد الطبيعة، كالطفل الذي يقلد والده دون فهم كامل بما يفعله، الاهتمام بمصلحة الغير من منطلق السبب الأول وليس السبب الثاني. ويعتبر تقليد مثل هذا أساساً لجهاز التطور والنمو وبدونه لا يمكن التقدم.

وفي البداية نهتم بمصلحة الغير لكي نتمتع بتقدير المجتمع، ولكن سنبدأ تدريجياً بالشعور بأن التعامل الايثاري مثل هذا مع الآخر هو أمر خاص وسامٍ بحد ذاته، وحتى بدون علاقة بتقدير المجتمع الذي يسببه. سنجد أن التعامل الايثاري مع الآخر هو مصدر كامل للمتعة الكاملة غير المحدودة. وذلك لأننا سنبدأ فعلاً بالشعور بقوة الطبيعة نفسها، القوة الكاملة غير المحدودة.

وبعبارة أخرى، نتيجة لجهودنا لتقليد الطبيعة سنبدأ بالشعور بأن في خاصية الطبيعة نفسها يوجد الكمال. فإن هذا الشعور يتسبب في تغيير داخلي فينا: رويداً رويداً سنشعر بأن خاصية الحب والعطاء هي خاصية سامية ونبيلة تفوق خاصية الأخذ الذاتي الأصلية الخاصة بنا، فلذلك نريدها. بذلك نرتقي إلى درجة أعلى من الدرجة التي خلقنا عليها، إلى درجة قوة الطبيعة نفسها، ونُشمل في الانسجام والكمال اللذين يميزان الطبيعة. إلى ذلك توجه وتقود قوة الطبيعة الناس.

إتجاه جديد

في الوقت الذي يبدأ الإنسان فيه بتوازن نفسه مع قوة الطبيعة فإنه يقلل من الضغط الممارس عليه لكي يتغير، ولذلك تقل الظواهر السلبية في حياته. وبالفعل، ليس هناك أي تغيير من جهة قوة الطبيعة. الإنسان هو الذي يتغير ونتيجة تغيره الذاتي يخلق فيه الشعور بأن تأثير قوة الطبيعة عليه يتغير. ذلك لأن الإنسان مبني بطريقة خاصة، تؤدي إلى أن يشعر بأن شيئا ما خارجه يتغير وليس هو نفسه. هكذا يُدرك الواقع حسب أحاسيس الإنسان وبعقله ولهذا الموضوع يخصص الفصل "واقع من الكمال والأبدية". ومع ذلك، قوة الطبيعة هي ثابتة وغير قابلة للتغيير. إذا كان الإنسان يشابه قوة الطبيعة بنسبة مائة بالمائة، فيشعر بالكمال؛ وإذا كان الإنسان متناقضاً معها بنسبة مائة بالمائة، فيشعر بأن هذه القوة تعمل كلها ضده، وبين تلك الحالتين فهو يشعر بالحالات المرحلية.

وفي الوقت الحاضر، التناقض بيننا وبين قوة الطبيعة الايثارية ليس تناقضاً مطلقاً وكاملاً، لأن الأنا الخاص بنا لم يصل بعدُ إلى درجة التطور القصوى. ومعنى ذلك أن مستوى الظواهر السلبية في حياتنا ليس المستوى الأقصى، الذي من الممكن أن يكون. و على، فكرة، لذلك بعضنا لم يشعر بعدُ بالأزمة العامة التي يعاني منها الفرد والمجتمع، ولذا فإنهم لا يعتقدون بأننا على أسوأ الأوضاع. وتظهر بداخلنا، من يوم إلى آخر، "أنا" أكبر يعمل على زيادة التناقض بيننا وبين الطبيعة. وحتى لا نتجرب المعاناة المتعلقة بذلك، يجب علينا البدء، قبل فوات الأوان، بالسير على الطريق لاكتساب خاصية الايثار، وذلك لتغيير اتجاه التطور.

عندما نقوم بذلك، سنشعر على الفور برد فعل إيجابي على جميع نواحي الكون. وعلى سبيل المثال، نفترض أن أحد الآباء يلاحظ أن تصرفات ولده سيئة للغاية. فهو يتحدث معه ويحاول إقناعه، بطرق مختلفة، بتغيير سلوكه. وفي نهاية الأمر يتفقان بأنه من الآن فصاعداً يجب فتح صفحة جديدة، ويحسن الولد تصرفاته. وإذا نجح الولد بعد ذلك في تحسين سلوكه، ولو حتى بنسبة ضئيلة، فبشكل فوري تتغير للأحسن معاملة والده له. كل شيء يقيم، ويقاس ويحاكم حسب الاتجاه فقط.

عندما يبدأ مزيد من الناس بالاهتمام بتصحيح العلاقات فيما بينهم ويصبح ذلك أمراً أساسياً تتعلق حياتهم به، ستصبح همومهم المشتركة رأي المجتمع، ورأي المجتمع سيؤثر على بقية الناس. بسبب العلاقة الداخلية التي تربطنا جميعاً، فكل إنسان في العالم، وحتى من يتواجد في أبعد الأماكن، سيشعر على الفور بأنه مرتبط

ببقية البشر ومتعلق بهم. وتبدأ بالظهور في تفكير كل إنسان في العالم أفكار حول التعلق الكوني المتبادل بينه وبين جميع البشر – إنه مرتبط بهم، وهم مرتبطون به.

وتوفر لنا العلوم المختلفة وبصورة خاصة الفيزياء الكمية الأدلة على تأثير التغييرات التي تطرأ على جزء واحد على بقية الأجزاء، وقد أظهرت التجارب التي وصفها الباحثون بأن جزيئات "تعرف" ما الذي يحدث لجزيئات أخرى، وتصل معلومات حول تغييرات تطرأ عليها فوراً من أي بعد كان. وفي الوقت الحاضر تقر الفيزياء بحقيقة وجود ترابط متبادل دائم بين جزيئات كمية بالرغم من انفصالها في الفضاء وفي الزمان. كل جزيء مرتبط بجزيء آخر. وتشمل هذه الظاهرة أصغر الأجسام في العالم وأكبر الأجسام على حد سواء.

فلذلك، في الوقت الحاضر بالذات، عندما يكتشف العلم بأن كل شيء مطبوع في الجينات وبتأثير البيئة على الإنسان وتتسبب في أن نصحو من الوهم "أنا الذي أقر بنفسي، وأنا الذي أسيطر، وأنا الذي أفحص وأنا الذي أقرر"، الآن بالذات، تبدأ في الظهور إمكانية الحرية الحقيقية. في أيدينا التحرر من عبودية الأنانية واكتساب ميزة الايثار عن طريق بناء بيئة تساعدنا على تقليد الطبيعة، كالصغير الذي يتعلم من الكبير.

منذ الأزل أدرك كبار الباحثين بأنه كلما أصبح الإنسان أكثر حكمة اكتشف ما أعظم الحكمة الكامنة في الطبيعة. وتختصر جميع اكتشافاتنا بالإدراك إلى أي مدى نحن نتيجة الحكمة العظيمة القائمة في الواقع فقط، حيث تظهر أمام أعيننا عند وصولنا إلى

مرحلة النضوج ونقدر على إدراكها. شابه نيوتون نفسه بطفل يلعب بالحجارة على شاطئ البحر، وأعجب أينشتاين بالحكمة العليا الموجودة في الطبيعة:

"ديانتي سركبة من إعجاب يستسلم لروح سامية لا حدود لها، تظهر في أشياء بسيطة، يمكننا إدراكها بعقولنا الهشة والضعيفة. هذا الاقتناع العميق في ظل وجود قوة عقلانية عليا، تظهر في الكون وليس من الممكن إدراكها، وهذه هي عقيدتي الإلهية".

الفصل الثامن

الاستعداد لتحقيق الهدف من الحياة

تطور الأجيال

المجتمع الإنساني في الوقت الحاضر هو مجتمع أناني، ولكن مع ذلك توجد فيه الكفاية من التحضيرات التي ستساعده على التحول إلى مجتمع ايثاري. وبالفعل، كل التطور الذي مرت به الإنسانية حتى الآن وعلى مر الأجيال خُصص فقط لإعداد المجتمع لكي يحقق الهدف من الحياة في جيلنا هذا.

هكذا يتم وصف تطور الأجيال في كلمات "صاحب السلم": "عدد معين من النفوس، تدور على دولاب تغيير الشكل، وتتقمص النفوس كل مرة داخل جسد جديد وجيل جديد. فلذلك مع الأخذ بالحسبان لتلك النفوس، تمتحن الأجيال جميعها منذ بداية الخليقة وحتى نهاية التصحيح، كأنها جيل واحد طال عمره ببضع آلاف السنين حتى تطور وتوصل إلى تصحيحه كما يجب أن يكون".

من جيل إلى آخر تجمعت البيانات الداخلية المتواجدة فينا وأدت إلى تطورنا. وفي نهاية تطور طويل الأمد تحتاج درجة المتكلم،

وهي الناس، إلى الصعود إلى درجة جديدة، والتي سنطلق عليها، لهدف الشرح، اسم "المتكلم المصحح". ولكي ندرك ماهية تطور الأجيال سنشبه بياناتنا الداخلية بوحدات معلوماتية.

وتتواجد وحدات معلوماتية مثل هذه داخل كل جسم قائم في الواقع، وهي تحتوي على البيانات الداخلية للمادة. وبالفعل، نعيش في فضاء به كمية هائلة من المعلومات عن كل تفصيل. ويسمى هذا الحقل من المعلومات "فكر الطبيعة" ونحن نتواجد بداخله. وكل تغيير يطرأ على أي جسم كان – الجهد للمحافظة على وضعه الحالي والتنقل من وضع إلى وضع آخر والقوى التي تمارَس عليه، والقوى التي يمارسها على غيره والتغيرات الداخلية والتغييرات الخارجية وما إلى ذلك – فإن كل هذا يعتبر تغييراً في حقل المعلومات.

ويبحث البشر في الأجيال كلها عن الصيغة للوجود المتوازن والحياة الجيدة، نفس الصيغة التي لم تمنحها لهم الطبيعة. ويتم تسجيل هذا البحث بصفة بيانات إضافية داخل وحدات المعلومات المتواجدة فيهم، ونتيجة لذلك فإن وحدات المعلومات آخذة في التحسن. كل المفاهيم والمعلومات التي نكتسبها في جيل معين من خلال الجهود التي نبذلها لكي نعيش بشكل أفضل ونتعايش مع بيئتنا ومع الطبيعة تصبح ميولاً طبيعية في الجيل القادم. وتصبح الخبرة التي تراكمت لدينا شبيهة بحكمة أولية داخلية وهي القاعدة لوجود الجيل القادم. ونتيجة لذلك كل جيل هو أكثر تطوراً من سابقه. والواقع هو أن جيل الأولاد له القدرة دائماً على مواجهة التجديدات في العالم أكثر من الآباء الذين اخترعوا تلك التجديدات. إن الأطفال أبناء جيلنا، على سبيل المثال،

يستعملون بشكل طبيعي الهواتف الخلوية وأجهزة التحكم عن بعد الإلكترونية والحواسيب، وخلال بضع سنوات سيقومون بتشغيلها بصورة أحسن من آبائهم.

وهكذا من جيل إلى آخر تكتسب الإنسانية جمعاء حكمة الحياة وتتطور. وهي في الوقت الحاضر مثل شخص قد جمع خبرة حياة منذ آلاف السنين. وعن ذلك يقول "صاحب السلم":

"عقل الفرد هو كالمرآة، التي تستقبل جميع صور الأعمال النافعة والضارة. وعندما ينظر الإنسان إلى تلك التجارب، يختار منها الأعمال الجيدة والنافعة، ويرفض الأعمال الضارة (ويسمى ذلك "عقل الذاكرة"). ومثال على ذلك التاجر الذي يتبع في عقل الذاكرة بعض البضائع التي خسر فيها وأسباب الخسارة، وعلى نفس المنوال يتبع بعض البضائع التي أتت بأرباح، وهي مرتبة في عقله كمرآة لتجاربه، وبعدها يختار النافع منها ويبعد الضار، إلى أن يصبح تاجراً جيداً وناجحاً. وعلى هذا النحو، كل إنسان وتجارب حياته. – فالجمهور مثله مثل الفرد، وله عقل مشترك. وعقل الذاكرة الذي يأخذ أمثلة من التجارب هو مشترك أيضاً، حيث تنحت فيه كل الأعمال التي تمت بالنسبة للجمهور وعامة الناس".

وقد أوصلنا تطور وحدات المعلومات المتواجدة فينا إلى درجة من الوعي نبدأ بها بأن نشعر ما أبعد تناقضنا مع قوة الطبيعة؛ نحن على استعداد لنستمع لماذا خلقنا كما خلقنا، ونستطيع إدراك الهدف الذي يجب أن نحققه.

وليس الفراغ الداخلي والخواء اللذان يُخلقان داخل الكثيرين منا في الوقت الحاضر محض صدفة، ولكنهما نتيجة لتكون الرغبة في التوصل إلى درجة جديدة من القيام، وهي درجة "المتكلم المصحح". هذه هي مرحلة في عملية تطور الأجيال والتي، نستطيع ضمنها أن نتقدم من خلال الوعي نحو تحقيق الهدف من الحياة.

تعامل المجتمع مع الايثار

يحصل بناء المجتمع الايثاري على دعم واسع النطاق من الجمهور، لأن كل واحد منا يفضل أن يعتبر نفسه إنساناً طيب القلب، فهو يشارك بأحزان الغير ويحاول أن يعيد بالخير على المجتمع. هكذا جُبلنا. وفيما يبدو، لا مانع لدى الإنسان من أن يصرح: "إنني أناني ولست معنياً بالاهتمام بأي إنسان آخر!"، إلا أنه لا يوجد إنسان يفتخر بأنانيته.

في طبيعة الحال، يقدّر المجتمع من يساهم به، ولذلك يسعى كل إنسان أن يظهر هكذا. ويسعى كل إنسان ومجتمع ورجل السياسة أو الحكومة لأن يعرض نفسه كأنه ايثاري. وعلاوة على ذلك، لا يوجد إنسان يشجع الآخر بأن يكون أنانياً، لأنه هو نفسه سيخسر في هذه الحالة. لذلك، حتى الأشخاص الأكثر أنانية يعرضون أنفسهم على أنهم ايثاريون، ليس فقط لنيل تقدير المجتمع، ولكن لأنه أيضاً من مصلحتهم أن يعاملهم الجميع معاملة ايثارية.

على الرغم من وجود خارجين عن القاعدة الذين يصرحون بأنهم أنانيون، فليس بنيتهم أن يقولوا: "إنني فخور بأنني ألحق

الضرر بالمجتمع"، لكن يريدون القول: "أنظروا إلي، إنني شخص خاص". وبهذا القول يحاولون جذب اهتمام المجتمع إليهم والفوز بأي نوع من الاهتمام.

من هنا يتبين بأنه لا يوجد إنسان يستطيع مقاومة انتشار الايثار في العالم علناً. على الرغم من أنه سيكون هناك من يؤيد الايثار بنسبة عالية وآخرون الذين يؤيدونها بنسبة أقل، ولكنه لن يكون هناك إنسان يتصدى لها. في داخلنا جميعاً نشعر بأن الأنانية تقضي على كل شيء ولكن الايثار هو عامل إيجابي يمنح الحياة والحيوية. هذا هو السبب في أنه على الرغم من كوننا أنانيين، نربي أولادنا على التعامل بشكل جيد مع الغير.

كيفية تربية أولاد سعداء واثقين بأنفسهم

منذ الأزل تأسست تربية الجيل الناشئ على القيم الايثارية. ويطمح كل واحد منا لتزويد أولاده "بأدوات" جيدة على قدر الإمكان للحياة، ولذلك، وبشكل حدسي، نربيهم ليصبحوا ايثاريين.

يربي الوالد أولاده على حسن التعامل مع الآخر، لأنه، وبدون وعي، يعلم بأن استغلال الآخر يضر بالإنسان نفسه في نهاية الأمر. نحن نريد منح أولادنا الأمان، ونشعر بأنه عن طريق التربية الايثارية فقط نستطيع النجاح بذلك. أمن الإنسان غير متعلق به ولكن يتعلق بالبيئة. أما البيئة فهي تتعامل مع الإنسان حسب تعامله معها. وتأتي كل الأضرار التي تحل بالإنسان من بيئته، وبهذه الطريقة نعمل على زيادة الاحتمال بأن المجتمع لا يؤذيه.

يرغب كل مجتمع، في كل بلد، في جميع الأوقات، في إكساب أسس ايثارية لأولاده. ويستطيع إنسان قوي جداً فقط، مثل الملك أو الحاكم الذي يكون تحت إمرته جيش كامل، السماح لنفسه بتربية ابنه ليصبح قاسياً، ولا يعطي شيئاً، ولا يتنازل لأحد ويدوس الآخرين. ويحتاج هذا الولد إلى دفاع قوي كي يبقى. سيكون عليه مواجهة جميع الناس واستخدام قوة الجيش. وحتى إذا لم يرد الناس إيذاءه، فلن يستطيع تنفيذ خططه الضارة ضدهم دون استخدام القوة.

تمنح المعاملة الجيدة للغير الإنسان الشعور بالأمان والطمأنينة والهدوء الذي لا يوجد أمر أقوى منه. فلذلك نحاول تربية أولادنا الصغار على هذا النحو. ولكنه – وهذه أهم نقطة – على مر الزمان يكتشف الأولاد بأننا بأنفسنا لا نتعامل على هذا النحو مع الغير، ويصبحون هم بأنفسهم أنانيين مثلنا.

التربية الصحيحة هي التربية التي تتأسس على القدوة. هل نكون بالنسبة لأولادنا مثالاً على معاملة ايثارية للآخر؟ نحن لا نقوم بذلك، على الرغم من أننا نربيهم في صغرهم على معاملة مثل هذه. إن الطفل الذي يرى والديه لا يتصرفان حسبما يأمرانه بأن يتصرف، يشعر بأن ما يقولانه له ليس له معنى وأن أقوالهما تعتبر كذباً. حتى إذا شرحنا له مرة تلو الأخرى ما هو من المحبذ عمله، وكيف عليه أن يتكلم وكيف عليه أن يتصرف، فذلك دون أي فائدة.

إن الأزمة التي نعاني منها في الوقت الحاضر والخطر الذي يتعرض له مستقبلنا يضطراننا لإدخال تغييرات. إلى الآن قمنا بتربية أولادنا على النحو المذكور، بطريقة غير واعية،

وعادة بدون قدوة شخصية تدعم ما نربي عليه. ومن الآن فصاعداً لا مفر لنا غير التغيير بأنفسنا للتعامل الأناني مع الآخر. عندما يتكاثر الناس الذين سيتصرفون على هذا النحو، فسيتغير الواقع الذي سيولد فيه أولادنا، وهم سيدركون بسهولة الذي كنا نستصعب إدراكه – وهو أن جميعنا أجزاء داخل نظام واحد وبناءً على ذلك يجب أن تكون العلاقات بيننا ايثارية. وبالفعل، ليس في استطاعتنا أن نقوم بعمل أحسن من ذلك، ليس من أجل أولادنا وليس من أجل أنفسنا.

أنانيون وايثاريون

يوجد استعداد آخر في الإنسانية لعملية التصحيح وهو الميل الطبيعي لمساعدة الغير الذي يتميز به بعض الناس. نستعمل عادة قدرتنا على الشعور بالغير لاستخلاص متعة أكبر بكثير من علاقتنا به، بطريقة مباشرة أو غير مباشرة. إلا أن هناك ناس يتمثل عندهم الشعور بالآخر بطريقة مختلفة عن المعتاد؛ إنهم يشعرون بآلام الآخر وكأنها آلامهم. يثير هذا الشعور الألم في الأنا الخاص بهم، فلذلك هو يضطرهم لمحاولة مساعدة الغير.

أغلب البشر هم أنانيون "عاديون"، أنانيون ليس لديهم حساسية لآلام الغير، والأقلية منهم أنانيون "ايثاريون"، وذلك يعني أنانيون يشعرون بآلام الغير وكأنها آلامهم. وخلاصة القول، نسمي النوع الأول أنانيين والنوع الثاني ايثاريين، على الرغم من أن كليهما أنانيون.

إن الأنانيين لا يشعرون بالمعاناة بسبب آلام الغير فلذلك يستغلونه كي يشعروا بالمتعة كما يحلو لهم. وبالمقابل، فإن

الايثاريين يعانون من آلام الغير فلذلك يحترسون حتى من قول كلمة واحدة تهين الغير. وقد حصل أولائك وهؤلاء على هذه الميول من الطبيعة فلذلك ليس المقصود بناس "طيبين" أو "أشرار"، ولكن بتنفيذ أوامر الطبيعة.

وتؤثر تغييرات في تسلسل الجينات المعينة على قدرة الناس ليحسنوا إلى الآخرين – هذا ما اكتشفه باحثين آخرين في مجال الوراثة السلوكية. إنهم يعتقدون بأن هناك أجر للسلوك الايثاري – فإن الإنسان الذي يحسن إلى غيره يربح من ذلك حيث تنطلق مادة كيميائية في دماغه والمعروفة باسم دوبمين وتتسبب في إحساسه بشعور مريح.

نسبة الايثاريين في تعداد العالم هي عشرة بالمائة على الأكثر، يشرح ذلك "صاحب السلم" في كتابات "الجيل الأخير" التي تستعرض الفكرة الاجتماعية لحكمة الكابالا وترسم صورة المجتمع المستقبلي المصحح. وهكذا، ومنذ الأزل، تقدّر نسبة الأنانيين في الإنسانية بتسعين بالمائة تقريباً ونسبة الايثاريين بعشرة بالمائة تقريباً.

يهتم الايثاريون بسلامة المجتمع، وبتقديم المساعدة في مجالات عديدة ومتنوعة، وبالقيام بالفعاليات لمصلحة المتخلفين والمحتاجين وما إلى ذلك. وبالفعل، يأخذ الايثاريون على عواتقهم معالجة حالات وأوضاع لا يقوم المجتمع بمعالجتها لانعدام الاهتمام أو لعدم الشعور بآلام الغير.

تقوم منظمات ايثارية باستثمار أموال طائلة وبذل جهود قصوى بفعاليات كثيرة، ولكن في معظم الحالات، المساعدة التي

تقدم للمحتاجين لا تُحدث تغييراً ملحوظاً على أوضاعهم. ومثال على ذلك ما حدث في القارة الإفريقية. ففي الماضي وقبل أن بدأ الغرب بالتدخل في حياتهم، قام الأفارقة بإعالة أنفسهم. أما في الوقت الحاضر، وبالرغم من حصولهم على الأغذية والمياه فهم يتضورون جوعاً. فإن الأموال الطائلة التي تجمع من أجلهم لا تغير من أوضاعهم شيئاً، فهم في حالة صراعات غير منقطعة وتتدهور أوضاعهم من عام إلى آخر.

قامت المنظمات الايثارية بأي عملية ممكنة تقريبا لتحسين وضع العالم، إلا أنه على الرغم من جهودها المختلفة فالوضع آخذ في الاستفحال. على الرغم من أنه يمكن مواصلة العمل كما كان عليه في الماضي، إلا أنه من الحكمة أن نتوقف لحظة ونسأل أنفسنا لماذا لا ننجح وأين أخطأنا.

ويلخص الموضوع بأن كل مشاكل العالم، منها الخاصة بنا كأفراد والأخرى الخاصة بالمجتمع كله، ناتجة عن نقصان التوازن مع الطبيعة، كما شرحنا مسبقاً. فلذلك فإن مساعدة الغير على المستوى المادي ربما سيؤدي إلى شعور مريح لفترة وجيزة، لكن على المدى البعيد فلن يعود ذلك بفائدة ملموسة، لأنه بالفعل لا يقرب الإنسان من التوازن، فلذلك فهو لا يحل المشكلة من جذورها. وفي الحالات التي يكون فيها الإنسان جائعاً فمن المؤكد أنه يجب إطعامه. ومع ذلك، وبعد أن قمنا بإنعاش الإنسان، وبعد العطاء الضروري لوجوده، علينا أن نهتم بزيادة وعيه بالنسبة للهدف من الحياة.

إذا أردنا أن نُحدث تغييراً إيجابياً للعالم ولأنفسنا، فيجب علينا أن نفحص من جديد تعريفنا للعمل الايثاري. يجب أن تقاس

الأعمال حسب مساهمتها الشاملة بالتحسين الفعلي والأساسي لوضع الإنسانية، لاقتلاع المعاناة الإنسانية من جذورها. وفي الوقت الحاضر لا يكفي القيام بعمل لا يوجه لمعالجة مصدر المشاكل كلها؛ هذا العمل يقوم بتأجيل نشوب المرض فقط، وتتمثل نتائجه بشكل أكثر تفاقماً. ذلك يشبه المريض الذي يكتفي بمسكنات الآلام ولا يقوم بالبحث عن جذر المرض ومعالجته، وفي هذه الأثناء يأخذ المرض بالتفاقم ويقهره.

تسمى هذه الأعمال بأعمال ايثارية فقط إذا كان الهدف منها أن تأتي بالإنسان إلى التوازن مع القانون الشامل للطبيعة، وهو قانون الايثار، وإذا قامت هذه الأعمال برفع وعي الإنسان بأننا جميعاً أجزاء من نظام واحد، ومن جسم واحد، يشمل جميع الناس حيث يوجدون، دون التفرقة من الناحية الوطنية أو العرقية. إن العملية التي تقرب الإنسان من هذا الإدراك وهذا التعامل مع الغير يطلق عليها فقط اسم عملية ايثارية. وليس القصد أعمالاً تتم كرد فعل تلقائي لا شعوري لمساعدة الذين يعانون من ضائقة ما، ولكن القصد هو أعمال تتم من منطلق إدراك الحاجة الماسة للوصول بالإنسانية جمعاء، بمن فيهم المتخلفون والذين يقدمون المساعدة، إلى التوازن مع الطبيعة.

لذلك، فالنية الطيبة، والنشاط والطاقة الخاصة بالايثاريين، يجب توجيهها بشكل خاص إلى فعاليات لرفع الوعي الإنساني لسبب المشاكل وطريقة حلها. على هذا النحو يتم الاستغلال الذكي للمساعدة التي قدمتها لنا الطبيعة بصورة عشرة بالمائة من الايثاريين ضمن مجتمع يشعر بدافع طبيعي للقيام بعمليات العطاء، وسيتم تحقيق الطاقة الرائعة الكامنة بهم.

إن هذا التقسيم: تسعون بالمائة أنانيون وعشرة بالمائة ايثاريون، لا يوجد بالإنسانية فقط، بل في كل فرد وفرد بحد ذاته. أحد القوانين الأساسية للواقع هو "الجميع والفرد متساويان"، ذلك يعني أن ما يتواجد في الجميع يتواجد أيضاً في كل فرد. الكون هو ثلاثي الأبعاد ، كما يوضح رجل العلم الأمريكي مايكل تالبوت في كتابه "الكون الثلاثي الأبعاد" الذي يركز فيه اكتشافات العلم في هذا الموضوع. هكذا يصف "صاحب السلم" هذا القانون: "الجميع والفرد متساويان بعضهما للبعض، مثل نقطتين من الماء، من الناحية الظاهرية للعالم، أو بعبارة أخرى، وضع الكوكب بشكل عام، وكذلك من الناحية الداخلية. لأنه حتى في الذرة المائية الأصغر حجماً، نجد نظاماً كاملاً، من الشمس والكواكب التي تدور حولها كما هو بالفعل في العالم الواسع".

وبموجب هذا القانون، كل إنسان، إن كان أنانياً أم غيرياً، مركب من عشرة بالمائة قوى ايثارية وتسعين بالمائة قوى أنانية، ذلك مثلما تنقسم الإنسانية جمعاء. أما الفرق بين الناس فيتمثل بوضع تتواجد هذه القوى داخلهم. من الصحيح أن قوة العطاء عند الايثاري (على الرغم من أنه أناني) عاملة ومحسوسة في حين أنها عند الأناني هي في حالة السبات. إلا أنه يوجد في داخل كل إنسان أساس من العطاء. من هنا، فلا يوجد أحد على وجه الكرة الأرضية ليست عنده المقدرة على التوصل إلى التوازن مع القوة الايثارية للطبيعة، فلذلك فقد تأصلت فينا هذه القوى منذ البداية.

الفصل التاسع

واقع من الكمال والأبدية

"حيث يفكّر الإنسان، هناك يوجد"

إدراك الواقع

إن الإنسان الذي يبدأ بتحقيق كل ما تم وصفه حتى الآن ـ بأنه جزء من نظام واحد يشمل جميع البشر، فهو ينقل معرفته عن ذلك للآخرين ويبني حوله بيئة داعمة ـ يبدأ بصورة تدريجية أن ينمي في داخله إرادة حقيقية، قوية وكاملة لكسب صفة الايثار الخاصة بالطبيعة. إن الطريقة للتوصل إلى الإرادة الكاملة للايثار هي طريقة متحدية تجعل حياة الذين يسلكونها حياة مليئة بالاهتمام، بالمعاني والاكتفاء لا مثيل لها. وفي المرحلة التي تبنى في الإنسان إرادة الايثار بصورة كاملة، تعرض هذه الإرادة أمامه واقعاً جديداً.

قبل أن نصف هذا الواقع وما هو شعور الإنسان الذي يشعر به، علينا أن نستوضح ما هو "الواقع" وبأي شكل "ندرك هذا الواقع". لأول وهلة، تبدو هذه الأسئلة وكأنها غير ضرورية وتافهة ـ من لا يعلم ما هو الواقع؟ إن الواقع هو كل ما يظهر

للعيون - الجدران من حولنا والبيوت والناس والكون كله. الواقع هو الشيء الذي نستطيع أن نمسه ونلمسه، وما نسمعه ونتذوقه ونستنشقه. هذا هو الواقع.

ولكن الأمور ليست بسيطة كما تبدو. وعلى مر السنين، بذل كبار المفكرين جهوداً عظيمة في هذا الموضوع، ومع مرور الزمان تطور الاتجاه العلمي حول طريقة إدراك الإنسان للواقع بعدة مراحل أساسية.

يقول الاتجاه الكلاسيكي الذي يمثله نيوتون أن العالم قائم بحد ذاته دون أي علاقة بالإنسان. ولا أهمية إذا أدرك الإنسان العالم أم لا. وذلك يعني أنه لا فرق إذا عاش وتواجد الإنسان في العالم أم لم يتواجد، فالعالم قائم وشكله ثابت.

ولا حقاً أمكن التطور في بحث علوم الحياة من اختبار صورة للعالم التي تستقبل عن طريق أحاسيس مخلوقات أخرى غير الإنسان. واتضح بأن مخلوقات مختلفة تدرك العالم بصورة مختلفة؛ على سبيل المثال، صورة العالم في عين النحلة هي مجموع جميع المناظر التي تلتقطها كل واحدة من الوحدات العديدة التي تتركب منها عيناها. أما الكلب فيدرك العالم خاصة كبقع رائحة. وبالإضافة إلى ذلك، اكتشف أينشتاين بأن التغيير في سرعة المشاهد (أو في الجسم الذي تتم مشاهدته) يؤدي إلى نظرة مختلفة تماماً للواقع على محوري المجال والزمان. وعلى سبيل المثال، نفترض بأن أمامنا عصا يتحرك في الفضاء. ماذا سيحدث إذا نسبب أنه يتحرك بسرعة فائقة؟ حسب نيوتون، مهما كانت السرعة، بقي العصا في عيني المشاهد نفس العصا. وحسب أينشتاين، يبدأ العصا يقصر. ونتيجة لهذين الاكتشافين تطور اتجاه

أكثر تقدماً يدعي بأن صورة العالم تتعلق "بمستقبل الصورة": فمستقبلون ذوو صفات وأحاسيس مختلفة يدركون العالم بشكل مختلف، ومستقبلون في حالات مختلفة من التحرك يدركون صورة مختلفة.

في ثلاثينات القرن العشرين صيغت الفيزياء الكمية (فيزياء الكوانتات)، وقد أحدثت ثورة في عالم العلوم. وقد أثبتت الفيزياء الكمية بأن الإنسان يؤثر على الحدث الذي يشاهده. وبناء على ذلك، فإن السؤال الوحيد الذي يستطيع الباحث أن يسأله هو ما الذي تظهر آلاته القياسية، وليس هناك من داعلٍ لمحاولة بحث العملية الموضوعية التي حدثت أو عن الواقع الموضوعي بحد ذاته. وفي أعقاب اكتشافات الفيزياء الكمية واكتشافات أخرى في مجالات بحث أخرى، تطور الاتجاه العلمي الجديد لإدراك الواقع: يؤثر الإنسان على العالم ونتيجة لذلك يؤثر على الصورة التي يدركها. صورة الواقع هي بمثابة المتوسط بين صفات المشاهد وبين صفات الجسم الذي يدركه.

"يعيش الإنسان داخل ذاته"

إن اكتشاف حكمة الكابالا في أيامنا تأتي بنا إلى خطوة أخرى إلى الأمام. وحتى قبل آلاف السنين اكتشف علماء الكابالا بأنه ليس للعالم بالفعل أي صورة. "العالم" هو ظاهرة محسوسة داخل الإنسان وهي تعكس نسبة الملائمة بين صفات الإنسان وبين صفات القوة المجردة والشاملة الخارجة عنه، وهي قوة الطبيعة. وكما تم ذكره، فإن صفات قوة الطبيعة هي صفات القوة الايثارية المطلقة، ونسبة التساوي أو عدم التساوي بين صفات الإنسان

وصفات قوة الطبيعة الخارجة عنه هي التي تظهر للإنسان "كصورة العالم". والنتيجة هي أن صورة الواقع من حولنا تتعلق كلياً بصفاتنا الداخلية، وفي مقدورنا تغييرها من النقيض إلى النقيض.

لكي نحسن فهم الطريقة التي ندرك من خلالها الواقع سنشبه الإنسان بعلبة مغلقة وبها خمس فتحات: عينان وأذنان وأنف وفم ويدان. وتمثل هذه الأعضاء بصورة شاملة الحواس الخمس: البصر والسمع والشم والذوق واللمس. داخل العلبة ترتسم صورة الواقع من حولنا.

ننظر إلى جهاز السمع الخاص بنا، على سبيل المثال. الأمواج الصوتية المتجمعة في جلد طبلة الأذن تسبب ذبذبات عليه، وهذه الذبذبات تحرك عظام السمع. ونتيجة لذلك ترسل إشارات كهربائية إلى الدماغ وفيه تترجم إلى أنغام وأصوات. وتتم كل قياساتنا من طبلة الأذن إلى الداخل، وبطريقة مشابهة لذلك تعمل الحواس الأخرى أيضاً.

بالفعل نقيس رد الفعل الداخلي المتكون فينا وليس ما هو خارجنا. ويتعلق مدى الأنغام التي نستطيع أن نستقبلها والمناظر التي نراها وما إلى ذلك بقدرة استيعاب حواسنا. إننا "مغلقون داخل علبتنا"، ولذلك لن نعرف أبدا ما يدور حولنا في حقيقة الأمر.

وتنتقل مجموع الإشارات من جميع الحواس إلى مركز الرقابة في الدماغ، وفيه تقارَن المعلومات المستقبلة بالمعلومات المتواجدة في الذاكرة، والتي تجمعت فيها التجارب السابقة.

وتعرض هذه المعلومات على ما يشبه "شاشة السينما" المتواجدة في مؤخرة الدماغ، وفيها تعرض على الإنسان صورة العالم متواجد أمامه، كما يتخيله. هكذا يتكوّن في الإنسان الشعور أين يوجد وما يجب عليه عمله.

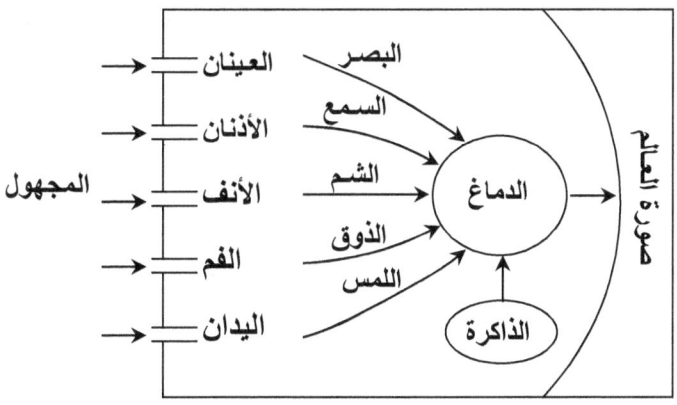

وفي نطاق هذه العملية يصبح "المجهول" الذي يحيط الإنسان سيئاً "معروفاً"، فيما يبدو، وتتكوّن داخل الإنسان صورة "الواقع الموجود خارجه". وبالفعل، ليست هذه صورة الواقع الخارجي، لكنها صورة داخلية فقط. هكذا توصف هذه الأمور في كلمات "صاحب السلم": "على سبيل المثال، حاسة البصر عندنا، توهمنا بأننا نرى أمامنا عالماً كبيراً ضخماً ورائعاً. وفي الحقيقة، لا نرى كل ذلك إلا في داخلنا فقط، ومعنى ذلك أن في مؤخرة دماغنا، يوجد ما يشبه آلة تصوير ترسم لنا كل ما نراه، ولا شيء نراه خارجنا". وهو يشرح بأنه داخل دماغنا يوجد "ما يشبه المرآة

المصقولة، التي تعكس لنا كل ما نراه هناك، لنراه خارج دماغنا وأمام أعيننا".

صورة الواقع هي نتيجة لتركيب حواس الإنسان والمعلومات السابقة الموجودة في دماغه. فإذا كانت للإنسان حواس أخرى، تكونت فيه صورة مختلفة على الإطلاق. من الممكن أن ما يترآى له الآن كضوء كان يترآى له كظلام أو كشيء مختلف تماماً لا يستطيع مجرد تصوره الآن.

وفي هذا السياق، يجب الإشارة إلى أنه حتى قبل سنوات كثيرة اكتشف العلم أنه يمكن إحداث محفزات كهربائية في دماغ الإنسان، وعند دمجها بالمعلومات المتواجدة في الذاكرة تسبب للإنسان شعوراً بأنه متواجد في مكان ووضع معين. وبالإضافة إلى ذلك، ففي استطاعتنا في الوقت الحاضر تغيير عمل الحواس بطرق اصطناعية كالآلات الإلكترونية. وفي مجال السمع تتوفر عدة أدوات مساعدة، ابتداءً بالمكبرات التي تساعد ثقيلي السمع وحتى إمكانيات زرع أقطاب كهربائية (إلكترودات) في آذان أناس صمّ مطلقاً. وفي هذه الأيام فإن العين الاصطناعية في قيد التطوير أيضاً، فالأقطاب الكهربائية المزروعة في الدماغ تبدل المعلومات الصوتية (الأوديو) التي تستقبلها لتتحول إلى معلومات بصرية. وهذا يعني أن النغمات تستبدل لتكون صوراً. تطور آخر الذي طرأ في مجال البصر هو زرع كاميرا مصغرة في العين، تترجم أشعة الضوء التي تخترق البؤبؤ إلى إشارات كهربائية وتنقل هذه الإشارات إلى الدماغ وتترجم إلى صورة.

وبالفعل، من الواضح أنه سيأتي يوم نقدر فيه على التوصل إلى التحكم الكامل بهذه المواضيع، وتوسيع مدى حواسنا وإنتاج أعضاء اصطناعية، وحتى إنتاج جسم كامل. ومع ذلك، ستظل عندئذٍ صورة العالم المستقبلة عندنا صورة داخلية فقط.

من هنا يتضح بأن كل ما نشعر به، هو شعور داخلي فقط ولا صلة له بالواقع من حولنا. ولا نستطيع حتى القول إذا كان هناك واقع خارجنا أم لا. فصورة العالم "الخارجي" متواجدة بداخلنا.

خطة الطبيعة

إن التأمل في الطبيعة يكشف لنا بأن الشرط لتكوّن الحياة ووجودها هو أن كل خلية في الجسم وكل جزء في النظام يعمل لمصلحة الجسم أو لمصلحة النظام الذي يتواجد فيه. حياتنا في المجتمع الإنساني في الوقت الحاضر ليست كذلك، ومن هنا يُطرح السؤال كيف يمكن أننا قائمون؟ حيث إن خلية أنانية في الجسم تؤدي إلى مرض السرطان وإلى موت الجسم كله. إننا أجزاء أنانية داخل نظام واحد، وعلى الرغم من ذلك نحن نعيش!

إذاً، حياتنا الحالية لا تعرّف بتاتاً كأنها "حياة".

وبالفعل، يختلف وجود الإنسان عن بقية المستويات في الطبيعة بذلك، وينقسم إلى مستويين:

- المستوى الأول هو المستوى الذي نعيش به حالياً. كل واحد منا يشعر بأنه يختلف عن الآخرين، لذلك فهو لا يهتم بهم ويحاول استغلالهم لمنفعته.

- المستوى الثاني هو مستوى الوجود المصحح. يعمل الناس فيه كأجزاء في نظام واحد، ويعيشون في حالة من الحب المتبادل والعطاء والكمال والأبدية.

إن الوجود في المستوى الثاني هو الذي يطلق عليه اسم "حياة". وجودنا الحالي هو مرحلة انتقالية، حيث إن كل ماهيته هو الارتقاء بأنفسنا إلى الوجود المصحح والأبدي، إلى "الحياة". فلذلك، من سبق وارتقى إلى المستوى الثاني، وهم علماء الكابالا، يعرّفون وجودنا الحالي باسم الحياة الوهمية أو **الواقع الوهمي**، ويعرّفون الوجود المصحح باسم الحياة الحقيقية أو **الواقع الحقيقي**. وبنظرة إلى الوراء فقد وصفوا وجودهم على المستوى الأول بالكلمات "كنا كحالمين"، معنى ذلك كأن هذا الواقع هو بمثابة حلم.

في البداية، يختفي الواقع الحقيقي عنا، ذلك يعني أنه بشكل طبيعي لا نستطيع أن نشعر به، لأن الإنسان يدرك نفسه والعالم حسب الإرادة المتواجدة فيه، وحسب صفاته الداخلية. لذلك لا نشعر الآن بأن كل الناس مترابطون كأنهم إنسان واحد، لأن علاقات مثل هذه تنفرنا. إرادة التمتع الأناني المطبوعة فينا من اليوم الذي خُلقنا فيه ليست معنية بعلاقات مثل هذه، فلذلك لا تمكننا من إدراك صورة الواقع الحقيقي.

توجد من حولنا حالياً أشياء لا يمكن إحصاؤها لا نستطيع إدراكها. ويخدم العقل والدماغ الإرادة الأنانية المتواجدة فينا وبناءً

عليها يشغلان حواسنا. لذلك لا نستطيع الشعور بوجود شيء ما لا يعتبر بالنسبة للإرادة الأنانية شيئاً جيداً جديراً بالاكتساب، أو شيئاً سيئاً جديراً بالاحتراس منه. إذا استطعنا الشعور بشيء ما، فنشعر به بالنسبة لأنفسنا فقط، وإذا كان لصالحنا أو عمل ضدنا فقط. هكذا أحاسيسنا مبرمجة، وبهذه المعادلة الحسابية، وبناءً عليها، ندرك الواقع الخاص بنا.

الآن، إذا نجحنا بوصف هذه الصورة بشكل صحيح لأنفسنا، فعلينا أن نقلبها كي نحاول فهم كيفية إدراك الواقع حسب الإرادة الايثارية. نتصور بأننا نبدأ بأن نكون مضبوطين لنشعر بما يحسن للآخرين. وفي وضع مثل هذا، سنشعر ونلاحظ حولنا أشياء مختلفة تماماً لم نلاحظها من قبل، وكل ما رأيناه قبل ذلك يظهر مختلفاً تماماً. يصف علماء الكابالا هذا الوضع بالكلمات "رأيت عالماً مقلوباً".

وعندما تتكوّن في داخلنا إرادة جديدة – إرادة القيام كجزء معافى من الإنسانية، إرادة التشبه بالقوة الايثارية للطبيعة – سيكون ذلك بداية لنظام شعوري إضافي الذي لا علاقة له بالنظام الشعوري الحالي لدينا. ويسمى هذا النظام "الروح". وعن طريق الروح يدرك الإنسان صورة جديدة للعالم، صورة العالم الحقيقي. وفي هذه الصورة نحن مترابطون بعضنا بالبعض، كأجزاء جسم واحد، وتغمرنا متعة لا نهائية.

لذلك نوضح الآن تعريف الهدف من الحياة الذي قلنا حتى الآن بأنه الترابط بين الناس ونكمله: الهدف من الحياة هو الارتقاء من مستوى الوجود الوهمي إلى مستوى الوجود الحقيقي، وذلك من خلال الوعي والإدراك الذاتي. علينا أن نتوصل إلى وضع

نرى فيه أنفسنا والواقع ليس كما نراهما على وضعهما الحالي، بل حسب وضعهما الحقيقي، في صورتهما الحقيقية. وبعبارة أخرى، الوضع الذي نشعر به الآن هو وضع وهمي كما نشعر به من خلال أدوات الشعور الأنانية الخاصة بنا. فإذا بذلنا جهودنا للتقدم في عملية التصحيح ونبني بداخلنا إرادة ايثارية كاملة، فستتغير أدوات الشعور الخاصة بنا لتصبح ايثارية، وعندها سنشعر بوضعنا بشكل مختلف.

الوضع الحقيقي هو وضع أبدي: جميعنا مرتبطون بنظام واحد وتدفق اللذات والطاقة المتواجدة فيه هو تدفق مستمر. وفي هذا الوضع هناك عطاء متبادل ولذلك المتعة الناتجة عنه لا نهائية وكاملة. أما وضعنا الحالي فهو وضع مؤقت ومحدود.

إن شعورنا الحالي بالحياة ينبع من قطرة حياة صغيرة تأتي من داخل الوضع الأبدي إلى وضعنا الحالي. هذه القطرة هي جزء من القوة الايثارية الشاملة للطبيعة، التي تتغلغل في أعماق إراداتنا الأنانية وتنعشها على الرغم من عدم الملاءمة معها. ودور هذه القطرة هو العمل على قيامنا على مستوى الوجود الأول، المستوى المادي، إلى أن نبدأ بالشعور بالواقع الحقيقي، الواقع الروحاني. ومن هنا حياتنا الحالية والمؤقتة تعتبر هدية تمنح لنا لوقت محدد فقط، وذلك كي نستخدمها وسيلة للتوصل إلى الحياة الحقيقية. وهكذا فإن شعورنا بالحياة لا يتلخص في تلك القطرة الصغيرة ولكن في كل القوة الكبيرة للطبيعة، قوة المحبة والعطاء، وهي التي ستكون قوة حياتنا.

إن الواقع الروحاني لا يوجد فوقنا بالمعنى الشكلي بل من ناحية الجودة. الارتقاء من الواقع المادي إلى الواقع الروحاني هو

ارتقاء إرادة الإنسان نحو صفة الايثار، نحو صفة المحبة والعطاء للطبيعة. الشعور بالروحانية معناه الشعور بكيفية ترابطنا بعضنا بالبعض كأجزاء في نظام واحد، والشعور بدرجة أعلى من الطبيعة. الهدف من الحياة هو الارتقاء إلى الواقع الروحاني والشعور به بالإضافة إلى شعور الواقع المادي في عالمنا هذا.

حسب خطة الطبيعة، قد خُلقت الإنسانية عن قصد مسبق على أنها تشعر بالمستوى الأول الوهمي فقط، وهكذا كان عليها أن تتطور على مدى آلاف السنين. وفي ذلك الوقت جمعت الإنسانية تمييزات وخبرة حياة مما أدى بها اليوم إلى الاعتراف بأن الوجود الأناني الطبيعي غير ممكن ولا يؤدي إلى السعادة، وعليها الانتقال إلى الوجود الايثاري المصحح – الوجود على المستوى الثاني الحقيقي. وتضعنا الأزمة العامة في تطور الأنانية أمام نقطة الانتقال بين مستويي الواقع. لذلك علينا أن ننظر إلى أيامنا كنقطة زمنية خاصة ومنورة. هذه هي نقطة تحول في تطورنا، نقطة الانتقال إلى وجود كامل وأبدي قامت الطبيعة بتخطيطه منذ البداية كذروة تطور الجنس البشري.

وهنا يصح الشرح بأن الشعور باللذة الذي نتشوق إليه يختلف على الإطلاق عن الشعور باللذة الذي يغمر من يكتسب صفة الايثار للطبيعة. اللذة التي يتشوق إليها الإنسان في الوقت الحاضر هي لذة نابعة من إحساسه بأنه أوحد وخاص وفوق الجميع. ويمكن إشباع الإرادة الأنانية عند قيام نقصان معين، نقصان عانى منه قبل ذلك أو نقصان يعاني منه بالمقارنة بالآخرين. وتتطلب متعة مثل هذه تجديدات فورية، لأنه في اللحظة التي تشبع اللذة الإرادة فهي تلغيها على الفور، كما تم ذكره في

فصل "حدود المتعة". فلذلك يتوقف الشعور باللذة خلال فترة قصيرة، عندما يتعاظم الأنا فذلك يؤدي إلى وضع يستطيع فيه الإنسان الشعور بالرضا في حالة دمار الآخر فقط.

أما اللذة الايثارية فهي عكس ذلك. لا توجد اللذة الايثارية بنا **يالمقارنة** بالآخرين، ولكن **داخل** الآخرين. من ناحية معينة يمكننا أن نشبه ذلك بعلاقة الأم بولدها: تحب الأم ولدها، فلذلك تتمتع عندما تراه متمتعاً بما تعطيه إياه. وتتعاظم متعتها كلما أكثر من التمتع. وعندما تبذل الجهود من أجله فتشعر بأكثر متعة من شعورها بأي شيء آخر. من المؤكد أن رضا مثل هذا مشروط بحبنا للآخرين وعظمته تتعلق بمدى حبنا لهم. الحب هو بالفعل الاستعداد للاهتمام بمصلحة الآخرين، والعمل على خدمتهم. الإنسان الذي يشعر بأننا جميعاً أجزاء في نظام واحد يعتبر هذه الخدمة بالذات مهمته ووجوده وأجره. وبين هذين النوعين من اللذة هناك فرق كبير.

إن الإنسان الذي اكتسب صفة الايثار يتميز "بقلب آخر" و"عقل آخر"؛ إراداته وأفكاره مختلفة تماماً فلذلك هو يدرك الواقع بشكل مختلف عن الآخرين. بفضل التعامل الايثاري مع الآخر يخرج الإنسان من شعور "الخلية الخاصة به"، ويرتبط "بالجسم العام" ويستمد منه الحيوية. إنه ينعش النظام الواحد الذي جميعنا أجزاء منه، ونتيجة لذلك يبدأ بالشعور بالحياة الأبدية للطبيعة الشاملة، وبتدفق الطاقة واللذة اللانهائية التي تملأ النظام الشامل.

وبالفعل، يتألف شعورنا بالحياة من جزأين وهما المشاعر والعقل. وعندما يشعر الإنسان ويدرك المشاعر والعقل الخاصة

بالطبيعة الأبدية، فإنه يدخل إلى داخلها ويعيش ويتواجد هناك. ويتوقف إنسان مثل هذا عن الشعور بأن حياته هي أمر مؤقت على وشك الانتهاء. فإن الوحدة مع الطبيعة الأبدية تؤدي إلى أنه حتى عندما يفقد الإنسان جسمه البيولوجي، فالشعور بالحياة عنده لا ينتهي.

ومعنى موت الجسم البيولوجي هو وقف عمل نظام الإدراك للواقع المادي. تتوقف الحواس الخمس عن نقل المعلومات إلى الدماغ ويتوقف الدماغ عن عرض صورة العالم المادي على "شاشة السينما" الموجودة في مؤخرة الدماغ. ونظام إدراك الواقع الروحاني لا يتبع لمستوى العالم المادي، فلذلك في اللحظة التي يحصل عليه الإنسان، فهو لا يزال قائماً حتى عندما يموت الجسم. وإذا شعر الإنسان بواقع نفسه في النظام الروحاني قبل موت جسمه، فهو يبقى على نفس الشعور بعد موت الجسم، ويسمى ذلك بأنه قائم في روحه.

الفرق بين الشعور بالحياة التي نشعر به الآن وبين الشعور بالحياة الذي نستطيع أن نحصل عليه هو فرق شاسع، ولوصفه، ولو بعض الشيء، يستخدم كتاب الزوهار المقارنة بين شدة الضوء لشمعة رفيعة أو لشرارة صغيرة مقابل نور لا نهائي، وكذلك بين ذرة واحدة مقابل العالم وما فيه. يعتبر الحصول على الحياة الروحانية تحقيق الطاقة الكامنة فينا كناس، وعلى كل واحد منا أن يصل إلى ذلك أثناء حياته في هذا العالم.

فتح العيون

وقبل نهاية هذا الفصل، فلنتوقف لحظة لإجراء تمرين صغير. فلنتخيل بأننا في فضاء مظلم. لا نرى شيئاً ولا نسمع شيئاً ولا نشم شيئاً ولا نذوق أو نلمس شيئاً. تخيلوا بأننا متواجدون في وضع مثل هذا لفترة متواصلة من الزمن حتى ننسى أن لدينا تلك الحواس. ومع مرور الوقت حتى ننسى أن أحاسيس مثل هذه قائمة.

وفجأة نشم رائحة خفيفة. وتتعاظم الرائحة وتحيطنا. لا نستطيع أن نشير إلى مكانها. وفجأة تظهر روائح جديدة، بعضها قوية، وبعضها الآخر خفيفة، وبعضها حلوة وبعضها الآخر حامضة. من خلال استخدام الروائح نستطيع الآن أن نجد طريقنا في العالم. تأتي روائح مختلفة من أماكن مختلفة ونبدأ بإيجاد طريقنا عندما نتبع الروائح.

عندئذٍ وبدون أي إنذار، تُسمع أنغام وأصوات من جميع الجهات. الأنغام مختلفة ومتنوعة؛ تُسمع بعضها كالموسيقى، وبعضها ككلمات، والبعض الآخر يسمع كضوضاء. تزيد هذه الأنغام من قدرتنا على الاهتداء بالفضاء. الآن نستطيع قياس مسافات واتجاهات وتقدير مصدر الروائح والأنغام التي نلتقطها. نحن متواجدون داخل عالم كامل من الأنغام والروائح.

وبعد فترة ما نكتشف شعوراً جديداً عندما يلمس شيء ما جلدنا. بعد ذلك بفترة وجيزة تلمسنا أشياء أخرى: بعضها باردة وبعضها الآخر ساخنة، بعضها يابسة وبعضها الآخر رطبة، بعضها صلبة وبعضها الآخر ناعمة؛ والبعض ... من الصعب

علينا أن نقرر. وعندما يدخل بعض هذه الأشياء فمنا نشعر بشيء غريب - لها ذوق. وهكذا نكتشف حاسة اللمس وحاسة الذوق.

نعيش الآن في عالم وافر بالأنغام والروائح والأذواق. نستطيع أن نلمس أجساماً في عالمنا ونتعلم عن بيئتنا. من كان يعتقد بأن عالماً غنياً مثل هذا يحيطنا دائماً، عندما لم تكن عندنا تلك الحواس؟

هكذا هو عالم العميان منذ الولادة. لو كنت مكانهم، هل كنت ستشعر بأنك في حاجة لحاسة البصر؟ هل كنت ستعلم بأنك لا تملك هذه الحاسة؟ كلا.

من ناحية معينة يمكن القول إنه لسبب مشابه لا نشعر بأن تنقصنا الحاسة الروحانية، بأن تنقصنا الروح. نعيش حياتنا دون العلم بتاتاً بأن هناك بعداً روحانياً لا نشعر به وهو لا ينقصنا. يرضينا عالمنا تماماً. يوم بعد يوم، عام بعد عام، جيل بعد جيل نولد ونعيش ونتمتع ونعاني، وأخيرا نموت. وعلى مدار هذا الوقت لا نشعر بأن هناك بعداً إضافياً للحياة، وهو الحياة الروحانية.

وهكذا كانت ستستمر الحياة بلا نهاية لولا بدأ يظهر فينا شعور بالخواء وبعدم المعنى وبعدم الاهتمام. فلا نكتفي بعد الآن بإشباع كل إراداتنا، فشيء ما لم يزل ناقصاً. وتصبح الحياة التي نعرفها وكل ما تقدمه لنا، شيئا فشيئا، غير كافية. الحقيقة هي، أن هذا شيء مثير للاكتئاب، ولذلك نفضل أن نكبته. وماذا يمكن أن نعمله؟ هكذا يعيش الجميع.

وبالفعل، تنبع هذه المشاعر من ظهور إرادة جديدة: إرادة متزايدة للتمتع بشيء ما، أرفع من كل ما يدور حولنا،

من مصدر غير معروف لنا. إذا تمنينا أن نحقق هذه الإرادة التي تظهر فينا الآن، فسنكتشف بأن هذه الإرادة هي إرادة شيء يتخطى هذا العالم.

إن ظهور إرادة مثل هذه ضمن العديد منا، مثل الشعور بالخواء في الحياة المعروفة الذي يرافقنا، هو في الواقع خطوات طبيعية قد تم تخطيطها سلفاً ضمن خطة الطبيعة. تثير بنا هذه الإرادة الشعور بأن هناك شيئاً يتخطى المعروف. ويدفعنا حب الاستطلاع إلى البحث عنه. إذا ودعنا الإرادة تقودنا وإذا استمعنا إلى خلجات قلوبنا، فسنستيقظ لنتعرف على الواقع الحقيقي.

الفصل العاشر

التوازن مع الطبيعة

يتناول هذا الفصل موضوعاً على الرغم من أنه هامشي بعض الشيء بالنسبة لموضوعنا، إلا أن مناقشته ستساعدنا إلى حد بعيد على توضيح العديد من المواضيع التي تناولناها في هذا الجزء من الكتاب.

إذاً، في هذه الأيام التي يواجه فيها الإنسان الفرد والمجتمع صعوبات كثيرة، تنتشر ظاهرة "العودة إلى الطبيعة" وتلقى الصدى لدى الكثير من الناس. هناك من يرى في هذه الظاهرة الطريقة إلى التغيير ويأمل بأن تقوم بتغيير حياته للأفضل. ويُطرح السؤال: هل هناك علاقة بين العودة إلى الطبيعة وبين التوازن مع الطبيعة؟ هل العودة إلى الطبيعة ستساعدنا على التوصل إلى التوازن مع الطبيعة؟ سيتركز هذا الفصل على هذه الأسئلة وعلى أسئلة أخرى.

تتحدث فكرة "العودة إلى الطبيعة" عن الحياة بصورة أكثر طبيعية، تشابهاً بالأجيال القديمة التي عاشت في تمازج وتدفق مع الطبيعة. ويطالب الذين يدعون إلى العودة إلى الطبيعة، من ضمن

ما يطالبون به، الهواء النقي والإنتاج الزراعي العضوي. ويترك بعضهم المدينة وينتقلون للعيش في الأرياف. هذه الظاهرة لها مميزات كثيرة وجميعها تتأسس على الفكرة بأن الإنسان كلما كان أكثر قرباً من الطبيعة كان أكثر توازناً ويتحسن شعوره إلى حد أبعد.

إذا قمنا بدراسة طريقة الحياة القديمة للقبائل النائية، وجدنا أن كلما كان الإنسان أقرب من الطبيعة ومن جذوره، شعر بأكثر سهولة بقوة المحبة للطبيعة. وفي هذا الشأن ننوه بأن في مؤتمر "مجلس الحكمة العالمي" الذي انعقد بأروسا في سويسرا (في كانون الثاني - يناير 2006) تحدثنا مع جاين غودول، التي كرست حياتها لبحث قرود الشمبانزي، وعاشت معها في الطبيعة لمدة سنوات طويلة. فقد حازت عن بحثها هذا، الذي كشف عن معلومات مهمة، على جوائز عديدة وعلى اعتراف عالمي. وعندما سألناها عن الاكتشاف الذي ترك فيها أشد انطباع، أجابت بأنه بعد سنوات طويلة من العيش في الطبيعة شعرت بالقوة الداخلية للطبيعة، قوة الحب.

وقالت: "بعد فترة ما بدأت بأن أشعر بالطبيعة وأستمع إليها، وشعرت بالحب. شعرت بأنه لا توجد قوة شريرة، ولكنه توجد فكرة بالحب فقط". ونتيجة لسنوات طويلة من الحياة في الغابة ومن العلاقة بالقرود بدأت غودول تفهمها، وتفهم مشاعرها. فقد اكتشفت إلى أي مدى تفهم القرود الطبيعة وتعيش المحبة الموجودة فيها.

مع أن تجربة مثـل هذه هي تجربة لطيفة ومثيرة، لكننا لم نتكلم عن هذا النوع من التوازن حتى الآن. فإن الشعور الأسمى الذي تستطيع العودة إلى الطبيعة أن تكسبه للإنسان المعاصر هو شعور معين ومؤقت بقوة الحب للطبيعة، أقل مما يشعر به كل حيوان. إلا أن الطبيعة قامت بتخطيط مستويات تطور أعلى بنسبة كبيرة من ذلك للإنسان.

ليس هباء أن الطبيعة دفعت بنا للخروج من الكهوف والغابات والعمل على تطوير المجتمع الإنساني على جميع أنظمته. في قلب المجتمع الإنساني بالذات، والذي يتسم بالاغتراب وعدم القدرة على تحمل الغير، يجب علينا أن نخلق توازناً بيننا وبين غيرنا من الناس ونستخدم الأنا كرافعة لذلك. من الممكن أن تكون العودة إلى الطبيعة تجربة مثيرة بحد ذاتها، إلا أنها لا تستطيع أن تساعدنا على حل جذر المشاكل التي نعاني منها في الوقت الحاضر، وهو نقصان التوازن على المستوى الإنساني.

كثيراً ما تُرفق العودة إلى الطبيعة بعناصر من طرق تقليدية مثل اليوغا والتاي تشي، والتأمل وما إلى ذلك. وهنا يجدر الشرح بأن هذه الطرق، التي توفر للإنسان الهدوء والكمال، لا تستطيع أن تقربنا من تحقيق هدف الطبيعة، حيث إن هذه الطرق ترتكز على قمع الأنا والتقليل من شأنه. كما تعمل على خفض الأنا الخاص بالإنسان من مستوى المتكلم إلى مستويات أكثر انخفاضاً تُعرف باسم مستويات الحيوان والنبات والجماد في الإنسان. ومعنى ذلك، أنها تعود بالإنسان إلى الوراء. لذلك فإن هذه الطرق تتناقض مع الاتجاه الذي تسير الطبيعة بنا

من خلاله، وهو رفع الإنسان إلى مستوى أعلى من المستوى الحالي، مستوى "المتكلم المصحح".

لا تمكننا الطبيعة من تقليص الأنا. وللبيان، حتى في الحضارات التي نجحت حتى أيامنا هذه بالمحافظة على مستوى منخفض من الأنا، مثل الصين والهند، يلاحظ في الوقت الحاضر اختراق ملحوظ للأنا. حيث انضم هذان البلدان إلى اللهث وراء الثراء والسيطرة واستطاعا من سد الفجوة من الأجيال بسرعة فائقة.

الأنا الكبير الذي يكتسح العالم كله في أيامنا هو الأنا من مستوى المتكلم ، ولكي نواجهه نحتاج إلى اكتشاف طريقة مختلفة تماماً، طريقة ذات ميل عكسي من الميل لتصغير الأنا. حكمة الكابالا هي الطريقة الوحيدة التي تستخدم كل قوة الأنا من خلال تصحيح طريقة استخدامه. وهي تظهر لنا في الوقت الحاضر لكي تساعدنا على تحقيق هدف الطبيعة والارتقاء إلى درجة وجود جديدة.

التوازن على مستوى المتكلم

لغرض التوضيح، نطلق على التوازن الذي يعتمد على تصغير الأنا من مستوى المتكلم إلى مستويات الحيوان والنبات والجماد المتواجدة فينا اسماً شاملاً وهو "التوازن على مستوى الحيوان". إن الفرق بين التوازن على مستوى الحيوان وبين التوازن بالدرجة من الشعور يتمثل بقوة الحب للطبيعة. ولكي نتوصل إلى التوازن مع الطبيعة على مستوى المتكلم، فعلى الإنسان أن يقوم بالبحث بنفسه وأن يكتشف إلى أين تتم قيادته، وما هي عملية التطور الذي

هو والإنسانية جمعاء موجودون فيها، وما هي بداية العملية وما هي نهايتها وأهدافها. وبدون هذه الدراسة الذاتية والتي يتجرب بها الإنسان كل مرحلة من مراحل التطور، ليس من الممكن الحصول على فكرة الطبيعة.

إن بحثاً مثل هذا يؤدي بالإنسان إلى التوازن مع الطبيعة على مستوى المتكلم، ومعنى ذلك أن هذا البحث يرفع به إلى مستوى "المتكلم المصحح". وفي هذا المستوى يرتفع الإنسان إلى ما فوق قيود الزمان والمكان والحركة، ويشعر بكل تدفق الواقع. إن بداية هذه العملية ونهايتها مرتبطتان به كأنهما أمر واحد، وهو يشعر كيف تظهر داخله جميع مراحل العملية تدريجياً، ذلك كي تتاح له الرؤية والإدراك إلى أي مدى هما مرتبطتان بانسجام رائع، ومتعلقتان بعضهما بالبعض وتشغلان بعضهما البعض. وبذلك يغلق الإنسان حلقة التطور، ولا يرى بعد ذلك "بداية" أو "نهاية" – ليس بالنسبة للأزمنة، وليس بالنسبة للأماكن، وليس بالنسبة للعملية نفسها؛ إنه يكتشف بأن كل شيء موجود منذ البداية في خطة الطبيعة.

تنقل فكرة الطبيعة الإنسان إلى وجود على بعد أسمى، وتوفر له الكمال والأبدية واللذة غير المنقطعة. وليس عالم الإنسان "بالجسد" بل بالمكان الذي تتواجد فيه "الأنا" الخاص به.

لذلك، فإن الإنسان إذا أدرك واقعاً مختلفاً تماماً، واقعاً أبدياً وسامياً وكاملاً فإنه متواجد هناك. ولا يقتصر الحصول على فكرة الطبيعة على الشعور بأكثر راحة، بل بشعور الإنسان بأنه أبدي وكامل مثل الطبيعة نفسها. في هذا الوضع فقط، على

مستوى التحقيق الكامل، مستوى المتكلم المصحح، يمكن الشعور حقاً لماذا يقال عمن حصل على قوة الطبيعة بأنه "حسن ومحسن".

من الصحيح أن الإنسان الذي يقلل من الأنا الخاص به من مستوى المتكلم إلى مستوى الحيوان يستطيع هو أيضاً أن يشعر بالطبيعة "كحسنة ومحسنة "، لكن ذلك شعور على مستوى الحيوان فقط. وفي هذا المستوى يشعر الإنسان براحة من الناحية الجسمانية والنفسية، لكن ذلك لفترة من الوقت فقط. لأن الأنا الذي يكبر دون انقطاع والذي يميز بين الإنسان والحيوان لا يدعه يكتفي بهذا الوضع لفترة طويلة.

من ناحية أخرى يمكن القول إن على مستوى الحيوان يتم الشعور "بالحسن والمحسن" كحالة، أما على مستوى المتكلم المصحح يُشعر به كعملية لا تتوقف. إن الفرق بين المستويين يشبه، إلى حد معين، الفرق بين الإنسان الذي لديه شعور مريح عندما يقطع أفكاره كلياً ويهتم بتمتع جسده فقط، وبين الإنسان الذي يشغل عقله ويفكر بالحياة منذ بدايتها وحتى نهايتها. الإنسان الذي يفكر في الحياة يتواجد في علاقة مع بعد آخر من الطبيعة.

يشعر الإنسان الذي يتوصل إلى الشعور "الحسن والمحسن" على مستوى المتكلم المصحح بأن حياته ليست من ناحية "راحته في الحياة" فقط بل يشعر بأنه مرتبط بواقع أعلى منه، بتدفق من المعلومات والعمليات. فهو يتمتع بالحصول على الكمال الخاص بالطبيعة وهو يتحرر من كل القيود. ويتوقف إنسان مثل هذا عن الاعتقاد بأن "الأنا" الخاص به وجسده شيء واحد. فترتقي أفكاره إلى مستوى وجود أعلى من الواقع التي يلتقطه من خلال حواسه الجسمانية الخمس، إلى داخل فكرة الطبيعة، إلى

حقل المعلومات الشامل والأبدي. لذلك فإنه لا يشعر بأن حياة "الأنا" الخاص به تنقطع حتى عندما يموت جسده.

وخلاصة القول، العودة المادية إلى الطبيعة ليست لها أي علاقة بالعملية الروحانية للتوازن مع الطبيعة وهي قد تبعد انتباهنا عن الحاجة للبحث عن التوازن بدرجة المتكلم المتواجدة في الإنسان، على مستوى التفكير.

تفصّل الكابالا التي تم عرض مبادئها الأساسية في هذا الجزء من الكتاب، كل مراحل التطور التي مرت بنا والتي علينا أن نمر بها لكي نحقق هدف الطبيعة. وهي تشرح أن خلال الفترة الحالية سيطرأ تغيير كبير جداً على وعي الناس، ونحن متواجدون بالفعل في أوله. ستتوصل الإنسانية إلى تحقيق خطة الطبيعة، ولا أدنى شك بذلك. *والسؤال الوحيد هو كيف.*

I0369927

www.ingramcontent.com/pod-product-compliance
Lightning Source LLC
Chambersburg PA
CBHW070951080526
44587CB00015B/2263
9781772281330